浙江有意思

"浙江有意思"系列

总策划 王　寒

王　寒　著

台州有意思

浙江工商大学出版社·杭州

作　者　简　介

王　寒

作家,学者,前资深媒体人。

爱山川风物,爱人间烟火,爱行走读城。

中国作家协会会员

台州市作家协会副主席

台州市网络作协主席

代表作有:

《无鲜勿落饭》

《浙江有意思》

《江南草木记》

《大地的耳语——江南·二十四节气》

《大话台州人》

1

台州的台,因为对应天上的三台星,是读第一声的。为什么这么读呢?照台州人的说法,因为台州的"台"字,是跟天上挂钩的,带有仙气的,是特立独行的,所以要读第一声,而别的地方作为地名的"台"字,是不带仙气的,都是随大流读第二声的。

附带说一句,台州的这个"台"字,几千年从来没变过,繁体字简化字都是这样写的。

2

中国历史上最伟大的两位诗人——李白和杜甫,都为台州做过形象广告。李白说:"龙楼凤阙不肯住,飞腾直欲天台去。"杜甫说:"台州地阔海冥冥,云水长和岛屿青。"

在浪漫主义诗人李白的心目中,台州的吸引力比龙楼凤阙大多了,他老人家连龙楼凤阙都不想住,非要去台州。在现实主义诗人杜甫的心目中,台州是一座宜居的山海美城。

3

台州人"无鲜勿落饭""无鲜勿动筷",吃海鲜不但能满足味蕾的需要,而且科学家也老早证明了,吃鱼长大的人,脑子灵光。难怪全国一百个经济最发达的县(市),台州就占三个——玉环、温岭、临海,都在南边,靠海,鱼多。

4

有人在饭桌上出了一道题:如果一位美女在房间里掉了一枚缝衣针,在座的有北京人、上海人、台州人,他们会怎样?

北京大爷气派地说:一枚破针,掉了就掉了,你要的话,明天我给你拉一车皮钢管过来!

上海男人细致:不就一根针吗,放心,阿拉帮侬找回来。上海人说到做到,蹲在地上,一寸一寸找过去,找了半天,果然把针找到了。

台州人啥也不说,找来一块吸铁石,往地上一滚,针给吸上来了,跟着吸上来的,还有一堆废铜烂铁。台州人脑筋一转,建了个废旧钢铁市场,发展起循环经济来,循环经济每年为台州带来几百亿的财富。

5

讲一个冷笑话。

一个高僧问一个台州人:一根钓鱼竿和500斤鱼,你选哪个?

台州人说：当然是 500 斤鱼。

高僧摇头道：施主肤浅了，鱼吃完就没有了，鱼竿可以钓很多鱼。这个道理你懂吗？

台州人说：当然懂啊，把 500 斤鱼卖了，我可以买很多鱼竿，钓很多鱼。

高僧双手合十，说：阿弥陀佛，善哉善哉。贫僧无法跟你们台州人布道了，你们台州人的脑回路跟别人不一样。

一个高僧问一个台州人：一根钓鱼竿和 500 斤鱼，你选哪个？

6

台州人的脑子是活络的。当年大兴安岭大火，烧了几十天都不灭，别的地方的人在家翻着报纸看着电视嗑着瓜子，感叹这把大火太无情时,台州从事废旧电器拆解业的老板,却从中看到商机,扛着一麻袋的现金连夜跑到大兴安岭去了。台州人是这样想的:既然这把大火烧了这么长时间,山上肯定有许多变压器烧坏了;既然变压器烧坏了,就有废旧电器可以趁机低价收购了。

嘿,事情还真的跟他们想的一样,跑去大兴安岭的台州人,没一个空手回来的。

台州人从这些被别人视为垃圾的废铜烂铁中,分解出铜、铁、铝,提炼出真金白银。在金、银、铜、铁等还属于国家统管物资的时代,这些"变废为宝"的物资,成了改革开放初期台州民营企业"芝麻开门"的原材料宝库。

7

早先台州知名度不高,人家不知道台州在哪里,台州人懒得费口舌,就说自己是宁波人或者温州人,这两个地方知名度高。回答完了,有几分不好意思,好像自己傍了大款似的。

现在,台州知名度提高了,有人再问台州在哪里,台州人心里就会有几分鄙夷:没文化,真可怕!见识这么短,竟然连我堂堂大台州都不知道!我大台州,位于东海之滨,北接宁波,南连温州,是中国东南沿海的港口城市,中国空气质量 TOP10 城市,中国股份合作制经济发源地,中国小微金融服务改革创新试验区,全国文明城市,赫赫有名的制造之都,上市公司数量在全国地级市中排第二。

夸起自己的家乡,台州人喉咙梆梆响,声音跟打雷似的!

8

台州有排名全国前十的好空气,动不动上媒体亮个相。台州人倒没觉得自己这地方空气有多好,就像老夫老妻,习以为常了,没什么新鲜感了。倒是别的地方的人,一到台州,常常大惊小怪地发朋友圈:啊呀,台州这地方,空气这么好,海鲜这么鲜,人这么爽!

现在,一到雾霾天,就有有钱有闲又惜命的人跑到台州来避霾,顺便游山玩水吃海鲜。

9

有一句台词叫"我离开塞纳河就不能呼吸",一个台州的诗人对我说,他离开台州也不能呼吸,因为台州是全国十六座洗肺城市之一。

到北京出差几天,刚好那几天是雾霾天,他说他无法痛快呼吸,快变成死鱼了。一回到台州,长长地、深深地、狠狠地呼吸了几口台州的新鲜空气,他又变成"生猛海鲜"了。

10

某位领导人退下来后,到了台州,对台州的好山好水好空气赞叹不已。到了仙居,深吸一口气,问陪同的县领导:这里空气这么清新,负氧离子含量是多少?

两位领导被这个问题给难住了,他们只知道这里的负氧离子含量高,但具体含量就说不上了。

边上陪同的另一领导有急智,见两位主要领导被负氧离子难住了,忙上前解围道:吃吃够了,吃吃够了。

领导大笑。

11

台州是制造之都,台州人嘚瑟道:天上飞的(无人机),地上跑的(小汽车、电动车、摩托车),海里游的(万吨巨轮),我们大台州都能造。

外地人问,你们也别说啥都能造,就说说还有什么不造的吧?

台州人说,我们台州人,谣是不造的。

制造之都台州不造谣

12

春天一到,台州人哼着"春天里来百花香,嘚里格嘚里格嘚里格嘚",开着车子,像个"花痴"似的,到处"寻花问柳"去了。

春天的台州大地春光灿烂、乱花迷眼,各种各样的鲜花节庆层出不穷。"花痴"代表当属仙居,第一个推出油菜花节。自从油菜花节打响第一炮后,台州各地纷纷打起了"油菜花"牌。油菜花一开,台州人就出动了,台州人戏称为"扫黄"去,"扫黄"少不了带上长枪短炮、自拍杆。

吃香的不止油菜花。桃花、梨花也很风光,甚至原本不起眼的橘花,也有了自己专属的节日。那些文青,在台州的花丛中,吃块臭豆腐,都能吃出托斯卡纳的风情。

台州春天里各种各样的鲜花节庆

13

中国人到日本旅游，喜欢搬只马桶盖回来，费不费劲啊。道行深的人都知道，台州上世纪 90 年代就开始生产智能马桶盖了，国内第一个智能马桶是台州人捣鼓出来的，全世界最大的智能马桶盖生产基地就在台州。台州的马桶，"情商智商"都很高，有一款叫"泡沫盾"的智能马桶，人还没到跟前，马桶盖就会自动打开，就差说"欢迎光临"这几个字了。这款智能马桶，据说是 G20 杭州峰会期间各国首脑的"御用马桶"，听说马云家里用的也是这款产品。

讲真话，买马桶盖何必舍近求远去日本，来台州就是了。

14

一个男人爱不爱女人，表现在三方面：一是舍不舍得把心交给女人，二是舍不舍得把时间交给女人，三是舍不舍得为女人花钱。

都说上海男人是全中国最怕老婆也是最疼老婆的男人，其实，咱们台州男人才是真心疼老婆的好男人。淘宝网的大数据显示，在对全国范围内 600 多个城市的调查中，在最疼老婆、最舍得给老婆花钱的两张榜单中，台州男人均交出了一份令台州女人满意的答卷。其中，"最舍得给女人花钱的男人"城市 TOP10 中，台州排名全国第 6，每 100 个台州淘宝男中，就有 70 多个掏银子为女人"献爱心"。

世界上哪些地方的男人最值得托付终身呢？大数据表明，台州男人是其中之一。

15

台州男人疼老婆,台州女人也识情识趣,懂得回报老公。这不,在最疼老公的排行榜中,台州女人在全国排名第9位——每100位上淘宝网购物的台州女人中,就有18人给男朋友或老公买过礼物。

而能同时进入最疼老婆、最疼老公排行榜 TOP10 的城市只有三个,且都在浙江,台州就是其中之一,另外两个是宁波和绍兴。

什么是和合文化?这不就是吗?老祖宗老早就说过了,家和万事兴,台州是和合文化的主要发祥地之一,是中国最具幸福感的城市,不用扯别的,光看这两组数据,就足以证明。

16

哪个地方的人最"居安思危"呢?想不到吧,是咱们台州人。在淘宝网发布的榜单中,台州被列入最有危机感、购买急救用品最多的城市榜单。

台州人购买的急救用品包括急救包、安全锤、防身手电等。

台州人有未雨绸缪的意识。

17

台州人的自信心比不过邻近的宁波人和温州人。

宁波是副省级城市,行政级别上的高一等级,决定了市民自信心的高人一等。温州虽然行政级别跟台州一样,但温州人的高调是出了名的,这让温州的知名度比台州高出许多。

不过,要论酒量、喉咙、蛮劲和硬气,宁波人和温州人不是台州人的对手。

18

北京人说,到北京没喝过豆汁不算到过北京。

台州人说,到台州没喝过姜汁不算来过台州。

台州人爱喝姜汁。在台州,医院里那些挂完了葡萄糖的空瓶,都有好去处——在菜场上用来灌浓浓的姜汁,有一斤装的,也有半斤装的,这是台州独有的一景。

19

台州人把粉条叫成豆面。

外地朋友看到台州人写绿豆面的这句话——"绿豆面里有红薯的香",说,这是病句,绿豆面应该是绿豆的香才是,怎么会是红薯的香呢?

他们不知道,台州的绿豆面,不是用绿豆做的,而是用番薯做的,只是因为色如绿豆而得名。

台州人到外地酒店的点菜柜前点菜:来一份沙蒜炒绿豆面。点菜员说,我们这里没有绿豆面。台州人手一指,喏,那不是吗?点菜员说,那不是什么绿豆面,那是粉条!

20

在台州人心目中,过了春节,年还不算过完,只有过完元宵节,才算过完年。台州人的元宵节是正月十四,而不是正月十五。

这一天,台州家家户户忙着搅羹(糟羹)煮糊(山粉糊)。

衡量一个人是不是正宗台州人,元宵节有无吃羹是个重要标准。

21

当然,衡量一个人是不是正宗台州人,除了看他元宵节有无吃羹,你还可以看他有没有喝过姜汁,家里泡没泡过杨梅酒,喜不喜欢吃麦虾或嵌糕,能不能叫出十种以上的海鲜名。

22

衡量一个人是不是正宗台州人,还有一个方法,就是看他剥橘子。

剥橘子有两种方法,台州人谓之为本地剥和外路剥。外路剥即外地人的剥法,他们把橘子皮剥得都是"碎末末"。

本地人都是老手,剥橘子自有套路,他们把一只橘子连皮分成四五瓣,再把橘子从皮中剥离。

台州有意思

台州人剥橘子自有套路

23

台州人吃杨梅一般是不洗的。把杨梅冲洗后再吃的,通常不是正宗的台州人。

24

在台州,无论是哥哥的老婆还是弟弟的妻子,都是叫"嫂子"的。如果把弟弟的老婆叫成弟妹或弟媳的,十有八九不是正宗的台州人。

25

台州山好,水好,人更好。我有一个朋友,到北京工作后,经常想念台州的蓝天;还有一个朋友,回南京后,经常想念台州的海鲜;另外一个朋友,回上海后,经常想念重情重义又豪爽的台州姑娘。

26

台州人低调,有时把自己居住的城市说得一文不值。"全国空气质量排名前十",哈哈,那肯定搞错了。"台州人钱多",哼哼,那是吹的。

台州人可以挑自己的刺,可以说自己的不是,那是自谦。但要是外人说台州不好,台州人就会脸红脖子粗地跟他急。这就好比,你可以数落自己的老公和孩子,因为打是亲骂是爱,但是容不得别人骂你的老公和孩子。

27

台州人,气魄大,从地名就看得出。台州有个北洋政府,是个镇政府。有个东京湾,它并不在日本东京。有个乡下村落,叫皇都。更气派的是,一个乡镇,索性"自立王国"——叫"泽国"。

台州有个乡镇叫泽国

28

有个冷笑话：以后把户口迁到国外去,考清华北大就省力了。

台州人哼了一声：忒龙(台州方言,意为"这么牛")！迁到我们泽国去！

29

台州有常住人口 611 万多。其中,以陈姓最多,有 60 多万,台州人开玩笑,把姓陈的叫成"陈勒塞"(台州方言,意为"垃圾"),言其人多也。姓王的人排第二,有 50 万,被叫成"王狗毛"。

30

台州的地名中有个"台"字,常被误会跟台湾有点瓜葛。改革开放初期,台州的领导率团去山东某地考察。与对方见面时,山东人热情地说,欢迎台湾同胞回祖国大陆看看！

31

中国最大的口服避孕药生产基地就在台州。没有台州产的这些小药丸,估计地球上的人口要比现在多好几亿。

32

一位外地朋友说,台州人很好辨认的:到大酒店一落座,从裤袋里先掏出三样东西,往桌子上一搁的,十有八九是台州人。

这三样东西是:手机、小车钥匙、中华香烟。

33

古代的高人到山里养生,现代的台州人"大养养于市"。讲养生的台州人,湿气重了要拔罐,感冒了要艾灸,身子不爽了去刮个痧放点血,累了去敲背泡脚,体虚了弄个土鸡土鸭,再来点铁皮枫斗呀乌药呀补补。

34

"杏花春雨江南"是千古名句,可是你知道"杏花春雨江南"这六个字的出处吗?那是元代的大文学家虞集写给台州人柯九思的诗。

虞集与柯九思都是皇帝身边的文学侍臣,两人都才高八斗,且志趣相投,惺惺相惜,柯九思辞官回到家乡台州后,虞集心怀念想,就写了首情深意切的诗送给他,"杏花春雨江南"这一千古名句就在其中。

35

中国古代的人神恋传说中,最有名的是刘阮遇仙、牛郎织女、白蛇传、天仙配,其中刘阮遇仙的故事最早,就发生在台州,说的是采药的汉子与神仙姐姐艳遇的故事。

台州男人的魅力真足呀，竟然能把天上的仙女吸引下凡。

36

在武侠小说中，常常可以看到这样的情节：君要臣死，左右上来拉臣，臣大呼，我有先皇所赐的免死金牌。这免死金牌是佑护性命的护身符，而中国历史上最有名的免死金牌——吴越王钱镠的丹书铁券就藏在台州，是台州钱氏一族的传世之宝。

明太祖朱元璋打下江山后，想赐开国元勋以铁券，无奈朝中官员都是土包子出身，谁也没见过铁券真面目，最后朱元璋令钱镠第十五世孙钱尚德携铁券从台州入京，在观赏铁券后，依样画葫芦雕模才铸出铁券。

现在，这块珍贵的"免死金牌"收藏在中国国家博物馆。

37

哲人说："走自己的路，让别人去说吧。"其实，他们拾的是台州人的牙慧。

中国最有名的心灵鸡汤就出在台州，这碗心灵鸡汤是智慧人生谦卑处世的至理名言，被广为引用，至今还刻在国清寺的石碑上。它来自国清寺两个和尚的问答——

唐代诗僧寒山问拾得：世间有人谤我、欺我、辱我、笑我、轻我、贱我、恶我、骗我，如何处置乎？

拾得曰：只需忍他、让他、由他、避他、敬他、不要理他，再待几年，你且看他。

38

鲁迅说方孝孺的硬气是台州式的。历史上唯一被灭了十族的方孝孺是宁海人，宁海自古就是台州的地盘，中华人民共和国成立后才划归宁波的。

燕王让方孝孺起草诏书，方孝孺说燕王的王位是篡夺来的，坚决不肯替燕王起草文件，燕王说这是他们家的家事，与别人无关，让他不要多管闲事。这个讲气节讲忠义的台州硬头颈书生还是软硬不吃，不肯起草文件，燕王气得要杀他，谋士劝燕王勿杀方孝孺，说"杀孝孺，天下读书种子绝矣"。

但最后燕王不但把方孝孺分尸，还株连十族杀了873人。

台州人的骨头是铁骨实硬的。

39

《西游记》里那个道行高深的紫阳真人张伯端是台州人。《西游记》第七十一回中，观音菩萨的坐骑下界为妖，把朱紫国的金圣宫娘娘抢去当压寨夫人。紫阳真人把一件旧蓑衣变成五彩霞衣送给金圣宫娘娘，金圣宫娘娘一穿上身上就长满了毒刺，妖怪近不了身，这才保住了清白之身。等到孙悟空解救了金圣宫娘娘后，紫阳真人就收回了仙衣，金圣宫娘娘又恢复了原来的样子。

临海有紫阳街，是一条古色古香的江南古街，好吃好玩的东西很多，这个紫阳真人当年就生活在紫阳街的樱珠巷里，紫阳街就是以他的名字命名的。

40

世界那么大,古代的诗人们都想到台州来看看。台州是浙东唐诗之路的目的地。《全唐诗》中有名有姓的诗人,有四分之一到过或写过台州。浙东唐诗之路从钱塘江出发,经杭州萧山到绍兴,沿浙东运河到曹娥江,然后南折入剡溪,经新昌天姥山,最后至天台山而终。

除了诗人,那些僧人、道人和隐士也都喜欢跑到台州来,他们跋山涉水到天台山后,就再也不愿往前走了,在这里炼丹的炼丹,养生的养生,念经的念经,写诗的写诗,他们觉得天台山是神山仙山,是心灵的桃花源,是他们心心念念要找寻的灵魂栖息地。

41

佛教天台宗的祖庭就在台州,道教南宗的祖庭也在台州,"佛宗道源"不是浪得虚名的,台州这个地方有佛性、灵性。别的不说,光寺院名字,如国清、高明、护国、万年、修禅、真觉、华顶、宝华……就能说明一切。这些寺名起得特别好,格局大,不是以一地一域命名的,而是有大胸怀、大爱、大世界观。

42

天台山国清寺是日本佛教天台宗的祖庭。睥睨一切的日本人,年年都要来台州朝拜,见了台州人都是点头哈腰的。来这里拜祖庭,态度能不谦恭点吗?

20世纪80年代末,日僧访华时,提出要到天台国清寺去拜谒祖庭。外交部官员认为事关中日友谊,请国清寺方丈下山迎接。

国清寺方丈不卑不亢地说,日僧是我门下弟子,他想拜就由他来拜,不接。日本僧人于是一路叩首至国清寺。

天台山还有鼎鼎大名的佛学院、道学院,学成之后,相当于拿到宗教界最高学府的研究生文凭。

43

依我看,国清寺是全中国最有佛性的寺庙之一,那里没有抽签,更不会让你花钱来解签。如果你请香,和尚会告诉你,5元一把的香和500元一把的香,效果是一样的。

国清寺的和尚说,5元一把的香与500元一把的香,效果是一样的

44

国清寺也是天下最亲民的寺庙,几十年都是五元门票。国清寺的佛家弟子说,票价便宜,为的是让众生能时常见到佛。难怪国清寺的香火,从年初一旺到年三十。

现在,连这区区五元钱都不收了。

全中国5A级景区不收门票的,我知道的就两个,除了西湖,还有一个就是国清寺。

45

日本的天台宗源自天台国清寺,当年日本来的僧人,除了学习佛法外,还带去了台州的饮食文化和茶文化,现在日本人过年要吃麻糍,这个麻糍的发音,跟台州话发音一模一样。

还有,台州人把虾蛄叫作"虾狗弹",奇怪的是,日本人对此物的叫法,跟台州方言的发音一模一样。

46

屠呦呦获诺贝尔医学奖,跟在天台山修过道的葛洪大有关系。三国时的太极真人葛玄,在天台桐柏山选了地,造了桐柏宫,他的侄孙葛洪,受他影响,也到天台山修道炼丹,还把天台山列入五座可炼金丹之仙山的其中一座。葛洪是高道,也是医药学家,著有医学书《肘后备急方》，书中有一个治疟疾的药方："青蒿一握，以水二升渍，绞取汁，尽服之。"一千多年后，屠呦呦看到了，大受启发，解决了青蒿素提取的核心技术问题，从而获得了诺贝尔医学奖。

所以，台州人说，屠呦呦获诺奖，应该到台州来，拿出奖金摆个流水宴，请台州人吃一顿。

47

马云到桐柏宫，与桐柏宫住持张高澄闲聊了几句。天台的"路边社"便发表新闻：马云厌倦商场萌生退意，桐柏拜师问道养生修仙。

天台的"路边社"还俨然以阿里巴巴新闻发布人的口吻发布：马云在商场上叱咤风云，呼风唤雨，可谓行业翘楚，但多年的商场磨砺打拼，也让马云身心疲惫，萌生退意。据知情人透露，马云素来仰慕道教南宗和天台山的佛道仙气，此行也专门为瞻仰寻根而来，并有意拜张高澄道长为师，研习养身修心之术。席间双方相谈甚欢，气氛融洽和谐。

马云来天台山问过道倒是真的。不过，当时马云在商场酣战正欢，压根儿没萌发退意。

48

台州的"和合文化"，被各路专家各种解读，洋洋洒洒数千数万言，依我看，和合和合，一要和二要合，体现在家庭上，就是琴瑟和鸣，体现在经济上，就是合作共赢。

台州的"和合文化"

49

旧时人家的婚礼仪式上，都挂着和合二仙的画轴。

和合二仙是国清寺和尚寒山和拾得的化身，是中国民间主婚姻幸福美满之神，是中国老百姓心目中的福神和爱神。

主婚姻美满幸福的神都在台州，台州人婚姻的幸福程度多少要比别的地方的人高。台州成为中国最具幸福感城市，也是顺理成章的事。

50

自从台州的中央公园改名为和合公园之后，到和合公园谈恋爱、吊膀子的人明显多起来了,那些麻将精也喜欢到和合公园逛逛,为的是打麻将可以多和一把。

51

大数据披露,台州是春节期间全国最爱看电影的城市。看来,台州是一座不折不扣的闷骚城市,别看台州人说话声音像打雷,看上去又粗犷又粗气,内心其实很罗曼蒂克的。

52

台州南边县里的人,好像都属猫,一天不见鱼腥就想得慌。如果出差在外,十天半个月没吃到海鲜,就嚷嚷"做人没意思"。

而台州北边县里的人,好像都是啮齿类动物,喜欢啃些带壳的坚果,像花生呀瓜子呀松子呀核桃什么的。

53

台州人,不管男女老幼,一律把临海的标志性雕塑"鹏程万里"叫成大老鹰。

坊间传闻,原先大老鹰的眼乌珠没点,所以几任临海"父母官"升迁都不顺,后来临海某一任领导把大老鹰的眼乌珠点红了,从此,他官运亨通,他的后任也都升官了。

嘿,这是哪儿跟哪儿的事呀。台州人,真能扯。

54

在国清寺的石柱门旁,我看到这样一则售书启事:因有急用,现本人特忍痛转让武林绝世孤本《九阴真经》《九阳神功》《天梦残剑》《六脉神剑》《乾坤大挪移》等多套绝学秘籍,需者请速联系（137×××××××××），书价面议,欲购从速。

莫非真有江湖高人隐居在台州?

55

台州在全国叫得最响的两个文化名人:一个济公,一个寒山。这两个特立独行的人,在台州人眼里,是癫人。

台州在全国叫得最响的两个名人,济公和寒山

还有一个台州人不好意思叫响的名人,是南宋末年几乎与秦桧齐名的大奸臣贾似道。

56

台州人形容一个人风光,叫"龙"。龙是图腾,在传说中,龙是神通广大而威力无穷的,在天腾云驾雾,下海追波逐浪,在人间则呼风唤雨。

台州人称一个人处处吃得开,做人风光,就猛夸某人"龙":"龙鲜龙""龙得猛""龙杀甲""老实龙"! 台州人被别人夸成"龙"时,无不眉开眼笑,照单全收。台州话里的"龙"的功能,有点像北方话里的"牛",但龙是中国人的图腾,是帝王的象征,咱中国人又是龙子龙孙,这"龙"显然比"牛"要有气势。

台州人,真的很龙,而且越来越龙!

台州人形容一个人风光,叫"龙"

57

台州出土过许多恐龙化石及恐龙蛋化石。天台山由此成为我国东南第一个恐龙的故乡。除了天台,临海的上盘也是翼龙的故乡,出土过翼龙的化石。

我以为远古台州人的图腾必是龙,台州人应该是正宗龙的传人。结果有个本土学者考证出,台州老祖宗的图腾不是龙,而是鸟。他开玩笑说,如果从这个层面上讲,说台州人都是"鸟人"也不是没有道理的。

58

台州人觉得,把日子过成诗是好的,不过,他们更喜欢过成打油诗,随意、自在、不装。

59

有人说,台州的文化底蕴跟周边的城市比,算不得丰厚。台州人不服气,他们问,别的城市的人,对老婆有这么多称呼吗?

台州人称呼起老婆,那是相当丰富的,有叫小娘的,有叫女客的,有叫肉客的,有叫屋里的,也有叫老安人、老孺人的,有叫里强人、老娈人的,还有叫嗯客儿、乐孃的。

就凭这,我觉得,台州话应该被列为人类非物质文化遗产,而且应该是世界级的"非遗"。

60

台州人对老婆有各种各样的奇葩称呼,他们对狼的称呼也很奇葩,比如,温岭人将狼叫作狗头虎,天台人则称狼为海狗、狗头熊,而老虎则称大虫。

照台州人的叫法,电影《狼图腾》,其实是《狗头虎图腾》《狗头熊图腾》或者《海狗图腾》。

61

台州人,彪悍的!电影《建党伟业》中,"火烧赵家楼,痛殴章宗祥"的一幕,其中就有台州汉子的身影。五四运动中,就是这个台州猛男陈荩民踩在同学的肩膀上,越过高墙,第一个跳进曹汝霖的家中,打开紧闭的大门的。

62

台州人茶余饭后喜欢拿当官的说事,一个地方如果出个省部级的高官,这个地方的人就会津津乐道,将其常挂嘴边,以为莫大的骄傲。

民国时候台州出过不少闻人达人,把民国时候的台州闻人达人拉出来数数,那个时候,做到省部级高官、当到将军的台州大佬,一拉一长串。1916 年,浙江军政大权差不多全被台州人掌握,光一个省城,屈映光、童保暄、张复元、王文庆、郑文易都是台州人,那时的浙江官场素有"三角党"之称,所谓"三角党"其实就是"台州党"的含蓄说法,因为"台"字上"厶"偏旁像三角,故称"三角党"。

63

说台州"贪吃鹜"(台州方言,吃货)多你可能不信,不过这是有大数据为证的:长三角的城市中,台州人在外就餐的人数排第一位。

不少台州人,隔三岔五就要下馆子,吃点香的喝点辣的。若隔一段时间没下馆子,他们觉得自己的幸福指数和生活质量都下降了。

台州人,最常说的一句话是"抽空聚聚"。到哪儿聚呢,自然是大大小小的餐馆喽。

64

台州人聚会,不管什么目的,最后总是八九不离"食"。台州人说了,"识食物者为俊杰"。我有一个女友就自豪地说,人生最幸福的,无非是想吃什么,马上、立刻、随即就能吃到。台州人不太为五斗米折腰,因为他们家里还有七八斗米,不过他们觉得,为美食折腰是天经地义的,他们百里奔袭有时只是为一碗麦虾或一块嵌糕。一位姑娘在微信上说,哎,心累!必须来点膏蟹和杨梅酒,才能缓过来。还有一位成功人士在朋友圈里教导小青年说,只要有理想有信念有情怀,再坚持吃夹糕,你一定可以成功。

65

张艺谋说:成都是一座来了就不想走的城市。成都的百姓则戏称:成都是一座来了就走不脱的城市。

而台州,是一座来了就想吃,吃了还想再来吃的城市。

66

台州人吃蟹喜欢吃小蓝脐,鲜美鲜甜得不像话。小蓝脐是母的梭子蟹,在初秋时肚皮微泛紫蓝色,故称为小蓝脐,它肉质细腻,有丝丝的甜味。而肚皮白白的公蟹,则叫大白蟹。等到蟹黄饱满时,则称为膏蟹。

67

台州人什么都喜欢分出公母,除了蟹分公母,他们把橘子也分公母。道行深的台州人都知道,母橘比公橘要甜。如何区分呢? 看橘子的肚脐眼,只有一个小点的是公的,有个小圈圈的,就是母的。

68

台州人说话直截了当,行就行,不行就不行,不会云里雾里,故弄玄虚,不会打什么伏笔,不会像一些高人说些"喝茶去"等莫名其妙的话。

69

在内陆地区的人眼里,台州人都是劳碌命,个个都是"不忙活不舒服斯基"。

70

台州像一只蝙蝠,既非鸟类,也非兽类,干什么都是自行其是,无规矩倒也成方圆。比如出席酒会吧,管它礼服不礼服,穿着便服就敢进。比如搞创新吧,脑洞大开,啥东西都敢想,啥东西都敢做。

"天高皇帝远"的地理环境,加上台州人这种不受约束、敢作敢为的个性,给了台州人自由发挥的空间,也激发出台州人无穷的创造力,所以台州才有这么多的"第一"和"之最"。

邓小平曾经说过:不管白猫黑猫,能抓到老鼠的就是好猫。台州人很喜欢这句话。

71

在中国最能体现市场经济的地方是哪里?就是台州。

台州是一座民营经济占绝对主导的城市,报纸上说,中国民营化比例最高的城区就在台州,比例高达99.6%,民营经济占全市GDP的95%以上,远高于杭州、宁波、绍兴,甚至比公认的民营经济高度发达的温州还要高。改革开放后,中国第一家股份合作制企业就诞生在台州,中国第一份支持股份合作制经济发展的地方法规也是台州出的。

"股份制"是台州人用滥了的一个经济名词。

一家三口去散步,碰到老友,老友摸着小儿的头对男主人说,儿子虎头虎脑,长得像爸爸,看来老爸的遗传占的股份多一些,老娘的股份少一些。

72

台州有很长一段时间被当成海防前线。从 20 世纪 50 年代一直到 70 年代初,在这 20 多年的时间里,台州一直被当成攻打台湾的前线。那时的台州人,跟福建人一样,都有打到台湾去或者台湾打过来的心理准备。

为了防备蒋介石搞花样,处于海防前线的台州人,还在自家空地上挖壕沟,以应对敌机的轰炸。为了防敌机轰炸,家家有防备,大人在八仙桌上放几条被子,一再提醒孩子,若有警报长鸣,要赶紧钻到桌子底下去。

73

走在改革开放最前沿的中国人是谁?除了特区的深圳人、安徽小岗村的农民,还有就是台州人。

1978 年 12 月,安徽小岗村 18 户农民按手印分田,史称此举"揭开了中国改革的序幕"。实际上,比小岗村早好几年,临海白水洋镇皂树村的村民就分田包干了。

台州有意思

当深圳有了经济特区的"尚方宝剑"撑腰,才开始从计划经济向市场经济转变时,台州人老早就风风火火闯九州跑市场去了。

当其他大省靠着国家投资、国有企业过日子,那些吃"国家饭"的人,用压箱底的钱买"三转一响"(指手表、自行车、缝纫机和收音机),心满意足地过着小日子时,台州的老百姓却凑钱办起了一家家股份制企业。

当中国广大的农民,像《秋菊打官司》里的秋菊一样,法律意识与民主意识刚刚苏醒时,台州的农民老早用"民主恳谈"的方式,参与了公共事务的管理、讨论、监督。

对这些敢闯敢干有想法有胆魄的台州人,咱不服不行啊。

74

来台州采风的作家经常会问我,什么是股份制经济,我说很简单,就是民间集资办实业。用现在时髦的说法,就是众筹。1982 年的冬天,温岭诞生了全国首家股份合作制企业。作家何建明在其报告文学《1978:春雷响起的地方》中说:"股份合作制之所以能在上世纪六七十年代那个完全疯狂的岁月里,成为台州人民求取生存的一种重要经济形式,及其后来成为全民性的经济形式,原因有二:一是台州人的性格和骨气所致;二是山与海的自然环境养育了台州人有别于他人的灵性与求索精神所致。"

其实,哪有那么多台面上的理由啊,台州人早年穷惯了,又没国家投资,穷则思变,凑份子办小作坊,以此起步,慢慢做大。现在台州如雷贯耳、声名在外的大企业,没有一个不是从小作坊起步的。

75

造京九高速台州段时，国家没下拨一分钱，台州打出"今日借你一滴水，明日还你一桶油"的广告，动员大家买高速公路的股票，几十小时内，几十亿资金就到账了。

76

台州人的头脑就是灵光。台州人喜欢吃螺蛳，吃螺蛳前，一道必需的工序就是剪去螺蛳屁股。菜场上卖螺蛳的小贩都是手持一把剪刀剪螺蛳，不知哪位聪明的台州人发明了剪螺蛳机，一粒粒螺蛳塞进机器，出来时都是没了屁股的。

像这样"自主创新"的小搞搞、小发明，台州民间有很多很多。

77

台州人的第一桶金赚得相当不容易，那时缺本钱，没法做大生意，只能从小生意着手，台州人就把香烟拆了一支支地卖、甘蔗一段段地卖、西瓜切开来一块块地卖。现在把生意做到五湖四海的大老板，当年他们是走南闯北补鞋子、弹棉花、卖豆腐的补鞋匠、棉花匠和小商小贩。

78

从计划经济被遗忘的角落到市场经济的前沿，台州人办市场、造汽车、开银行，事业越做越大，他们吃着碗里的，看着锅里的，还想着别人家里的，他们赚土钱，更要赚洋钱。

台州人眼睛不大，但眼孔很大。

79

台州人的思维方式有时简单得就像一只单细胞草履虫，他们擅长把复杂的问题简单化。他们想到了就去干，一旦干了，就一定要干成。

造汽车多难啊，可是台州的汽车狂人李书福按照"汽车就是一张沙发加四个轮子"的思路，硬是捣鼓出一辆辆车，台州由此成了中国最大的民营汽车生产基地。

而李书福最早与汽车结缘，是高中毕业时用父亲给他的 120 元钱买了个照相机。他骑个自行车，满大街给人照相："来，来，同志，过来照张相……"为了招揽顾客，李书福请人画了一辆轿车，供人拍照——这是他最早与汽车的缘分。

80

其实，李书福刚开始造车时，谁都不看好的。当时很多人都说，李书福个癫人，要是真能搞出汽车来，那是"黄角变麒麟""冷饭抽芽三四寸"。不但全国人民等着看李书福的笑话，台州人也在等着看他的笑话。吉利车刚问世时，受到了台州人的嘲笑，对于家门口出来的吉利车，台州人带着明显的轻视和不屑，大街小巷里流传着几句顺口溜，极尽调侃之能事，说它"前面看像奔驰，后面看是夏利，摩托车的轮胎，自行车的链条"。不但不买,还编排了几句顺口溜来调侃它——吉利车,路桥产;市领导,呐噪喊(台州话,呐喊、鼓劲之意);看外壳,野鸡范;上高速,单边踩;夜行车,独只眼;下雨天,撑雨伞;空调坏了,扇搐搐;发动机坏了,人反反(台州话,推车之意)。

令人大跌眼镜的是,黄角真的变麒麟了,冷饭也果然抽芽了。吉利造出了一辆又一辆的车,还兼并了沃尔沃,成了奔驰大股东。当年的吉利,是笑话,现在的吉利,是神话。

81

台州人是很有韧性的,认准的事九头牛也拉不回来。台州人中至今还在流传着这样一个段子:说铁皮枫斗晶之父陈立钻当年在山上人工种植铁皮石斛,先后养了8条狗,但一条都没有留住,因为这些狗都受不了清苦的日子,全跑光了。

82

别以为奥运会办在北京,离台州几千里,就跟台州不搭界。其实,奥运会上,有不少"台州制造""台州智慧"在里面——那运河上传递圣火的古船,有6艘是台州造的;那水立方的梦幻灯光,来自台州;奥运村用的油漆,是台州的;鸟巢边的绿化,是台州人搞的;奥运场馆的管道,出自台州。那个纪录片《筑梦2008》,出自台州人顾筠之手;连那支唱响世界的奥运名曲《我和你》,也是咱台州人陈其钢写的——他老爸陈叔亮是书画家,台州人,黄岩九峰公园就有陈叔亮书画纪念馆。

83

台州人很喜欢搓麻将，一些麻将精走到哪里，麻将就搓到哪里。有一次，一批台州麻将精到台湾旅游，一天没摸麻将手痒了，让导游买来便携式麻将桌，人随车走，麻将桌也随车走，白天看风景，晚上搓麻将，台湾导游十分感慨：你们台州人的文化生活比我们台湾人要丰富多了。

84

有喜欢搓麻将的台州人，自然有生产麻将机的台州人，谁不知道台州人的生意头脑活络。

别处的人到了成都，只想着吃喝玩乐，火锅吃吃，麻将打打。台州人到成都搓了一圈麻将回来，就找到商机——回家生产出一台台的麻将机，还把台州变成全国有名的麻将机生产基地。现在全国最出名的十大麻将机品牌，台州就占三个。

台州人，能把业余爱好做成产业。

85

台州人喜欢搓麻将，有些麻将精家里摆着麻将桌，手痒了，随时招呼人来家里搓几圈。不过，台州人现在风雅多了，很多人把家里的麻将桌换成茶桌，从搓几圈变成喝几杯了。

86

广东方言中把人说成"银",台州话也是如此。不过,台州人把人说成"银"不是空口说白话,而是货真价实的。因为台州不但是全国最大的"三废"银回收基地,而且据说全国最大的白银交易市场也在台州。

当然,不是所有的人都配称"银"的,台州人根据行事品性把人分三等:一等是"银"(人);二等是"鬼银"(鬼人)——"鬼银"介于人与鬼之间,凡为人处世不阴不阳、背后使绊者一律被称为"鬼银";三等而下之便是"鬼渣"。台州人称可恶可鄙之人为"鬼渣",我以为妙极。渣就是渣滓,你想想,"人渣"已是"人中渣滓","鬼渣"直接剥夺了那厮做人的资格,把他列入鬼的行列。一个人如果被称为"鬼渣",基本上可归入无药可救、人神共愤的那一类,足见其做人的失败。

87

哪个地方的人最会理财呢?不是产师爷的绍兴人,也不是会算计的宁波人、温州人,而是台州人。有刚刚披露的一组大数据为证:台州的"80后"群体,是全省最重视理财的那部分人,最喜欢钱生钱。

88

台州人比较潮,喜欢刷卡消费。小青年的钱包里,常常琳琅满目地插着一二十张卡,有借记卡、信用卡,也有购物卡、电影卡、加油卡等。不少小青年去酒店吃饭,先问能不能刷卡,才决定在不在这里吃饭。

国庆长假期间,央视报道,台州人境外刷卡消费居全国首位。台州人的出手大方,让全国人民羡慕嫉妒恨。

如此强大的消费能力,也引得众多境外航空公司纷纷向台州人伸出了橄榄枝,橄榄枝代表着无形的一句话:来我们国家消费吧,钱多人爽快的台州土豪!

89

台州人喜欢买奢侈品,只要一出国门,很少有人不带奢侈品回家的。有一回跟几个土豪吃饭,一个土豪说,他上次到欧洲旅游,买名表与名包,一下子花了五十多万。另外一个土豪轻描淡写地说,他到了法国,啥地方都没顾得上看,一下机,直奔奢侈品店,一口气花了一百万。

朋友发给我一个段子,很有意思:在一场奢侈品特卖会上,一位台州人手拿 LV 手提箱排队入场,被保安拦住:"先生,我们这里只允许带钱包进去。"该台州人很低调地打开大箱子,说:"对不起,这就是我的钱包。"

90

台州"七山一水二分田",人均土地不足 4.5 分,有的地方甚至人均不到半分田。资源的严重匮乏，逼得台州人走南闯北，四海为家，硬生生闯出一条路来。据统计，有 150 万台州人在外办厂做生意。

我不知道这其中有多少百万富翁，有多少千万富翁，又有多少亿万富翁。只知道，过年时，台州大大小小的街道，忽然之间会冒出好多挂着外地牌照的名车。

91

别的城市的人，有的只能吃到山珍，有的只能吃到海鲜，台州人，山珍海味通吃。

台州人到了别的地方，哪怕住再高级的宾馆，吃再美味的佳肴，过个三五天，总是不由自主地想家。说是想家，其实很大一部分，是想念家乡的美食。至于游子们的思乡病，说白了，有时只是味蕾在作怪，所谓的乡愁就是家乡的小吃，是夹糕、食饼筒、泡虾、姜汤面，当他们犯了思乡病时，你招呼他们吃一碗家乡的小吃，他们的思乡病就会霍然而愈。

92

虽然台州是三四线城市，但台州人很自信，牛气哄哄的他们，喜欢开玩笑地称自己生活的城市为"大台州帝国"。

除"大台州帝国"外，还有"大温岭帝国"和"大黄岩帝国"。

因为这些地方山美水美景美食物鲜美，所以他们戏称自己的家乡是"大台州美帝国"。

93

台州人眼孔大，气魄大。仙居人把自己的无骨花灯自封为"中华第一灯"，连个三黄鸡都封为"中华第一鸡"。天台人编排了一个调侃的短信息叫"天台人的新年愿望"，广为流传："联合国设在平桥乡，上海是天台一个乡，国酒红石梁，国宴豆腐浆，国语天台腔。"仙居安岭的人，气魄更大，别看安岭是个穷地方，但这个地方的人"眼孔大"，看见啥都觉得不起眼，他们用的量词是"粒"。一个人，他们说是一粒人；一座山，他们说成是一粒山；连县长，他们也说是一粒县长。

94

在台州人的印象中，台州人是最不爱 AA 制的了，觉得很没面子，还见外。一到买单时，大家都抢着付钱，为了抢付钱推推搡搡吵吵嚷嚷的，嗓门大得让人以为在打架。

没想到，大数据颠覆了这个印象：台州人均 AA 笔数，竟然位居全省第一。原先 AA 的都是年轻人，现在老年人也 AA 上了。

95

台州人收红包的速度接近于光速度，但台州人更爱发红包，动不动就下个红包雨。什么元旦、春节、元宵节、情人节、三七女生节、三八妇女节、五一劳动节、六一儿童节、端午节，还有 5·20、七夕节、中秋节、国庆节、圣诞节、各种花样百出的纪念日……不管土节洋节,台州人都要发个红包献个爱心。

支付宝发布了一份账单,浙江省内,最爱发红包的是温州人,其次就是台州人。这两个城市,是公认的土豪城市。

96

台州人的襟怀十分的坦荡。襟怀坦荡的台州人说话嗓门很大,有一次陪一个上海朋友散步,路旁两个台州人正在说话,声音比打雷声还响。

朋友问,他们是在吵架吗?

我说,不是的,他们只是见面打招呼,寒暄几句,半点吵架的意思都没有。

97

有句话叫自古贵人声音低,如果以此来衡量台州人,台州人都算不得贵人,因为台州人说话声音都很响。台州人说自己肺功能、肾功能好,所以声音如洪钟大吕。台州人觉得,说话声音大是优点,干什么都显得理直气壮、先声夺人。台州人说,又不是图谋不轨,说话那么小声干吗。

98

一个外地人不解地问我,为什么你们台州人,不管男人还是女人,说话嗓门都那么响,好像火气特别大。

拜托,别用"火气"这个字眼好吗?那根本就不是火气,在台州人眼里,那叫豪爽之气。

99

说到豪爽,不但台州男人豪爽,台州女人也是很豪爽的。她们笑起来很大声,她们的笑声不只是银铃般的,有的简直就是铜铃般的。

100

院子里有两棵树,一棵是枣树,如果你的另一棵是枣树,那是病句;如果鲁迅的另一棵也是枣树,那你要分析作者含义。

如果有人说,我没钱,我的一点小钱都是从牙缝里省出来的。别处的人这么说,你可以相信。如果一个台州人这么说,那你要分析这句话的真实性,因为台州人喜欢财不外露,身边有好几个说自己只有小钱的台州人,身家都是几千万的,还有一个是上了福布斯排行榜的亿万富豪。

101

台州人觉得要干成事,吃点苦是必需的,台州人信奉:吃得苦中苦,方能开路虎。

102

用杭州人的说法是,台州人毛能吃苦嘞。台州有句老话叫作"白天当老板,晚上睡地板",比那句"踏遍千山万水,吃尽千辛万苦,说尽千言万语,历尽千难万险"的"四千万"更形象更写实。

在鲜有国家投资和政策扶持的情况下,台州人咬紧牙关,辛辛苦苦把一滴汗水摔成八瓣,才有了今天的成绩,所以台州人有底气跟外人说,你见过我们的汗水,便不会嫉妒我们的光芒。

103

说到台州人的吃苦劲头,真是没话说。以前我在报社工作时有一个同事,从小跟着父亲在西藏的部队长大,跟我讲过这样一件事:20世纪80年代,她父亲军营里的一个哨兵,发现一名长得黝黑的"印军特务嫌疑人"向防区骑车过来,赶紧上前拦住他。结果,带进来一审查,原来是台州人,是来西藏高原补鞋挣钱的。

104

外地朋友都是这么说的:台州人,很豪爽,你只要给他面子,什么事都好说。

说得太一针见血了。

105

枫南小区是台州第一个干部住宅小区。台州撤地设市后,行政中心从千年台州府的临海搬到了椒江,椒江人当初挺看不惯临海人的,把搬迁来的机关干部统称为"北岸佬",把台州市直机关干部住宅小区枫南小区挖苦地称为"柬埔寨"——"干部寨"的土话谐音。

枫南小区还有另外一个称呼,叫"俺村"。因为机关干部以临海人居多,临海人一开口便是"俺"呀"俺"的,故椒江人把枫南小区称为"俺村"。

106

关于台州第一个干部住宅小区枫南小区,还有两个段子:当年枫南小区起名为枫南花园,遭到老干部的反对,老干部说:撤地设市,你们从临海搬到椒江来,是为了建设新台州来的,不是来享受花园式生活的。最后该小区定名为枫南小区。

枫南小区建好后,集了王羲之的字,刻在大门口,结果王体太潦草了,"区"字看上去就像"匹"字,于是,大家开玩笑时,把这小区说成"枫南小匹"。

107

一个无锡人在网上发帖评价台州人:台州人啊,三天两头不泡下酒店就觉得不舒服，对待朋友真的没话说。台州人不分你是哪里人，只要讲得来就跟你交往，出手很大方，而且喜欢抢着买单。

108

上海人不大看得起外地人，但他们对台州人有一个共同的评价：台州人，出手大方！他们最喜欢台州亲戚上门了，大包小包地拎上来——虾呀蟹呀等海鲜、杨梅呀蜜橘呀文旦呀等时令瓜果，从来没有空手的时候。

台州人的大方，真是名声在外了。

109

西部内陆地区的人很少吃到海鲜，更少吃到台州这地方出产的这么鲜的海鲜。有人第一次到台州，吃了蛤蜊、青蟹，吃吐了，因为太鲜了，他们从来没有吃过这么鲜的海鲜，还以为撒了一大把味精在里头呢。

我没打诳语，这是真的。

110

杭州新开超市，往往在报纸上大打广告：鸡蛋若干元一公斤，白菜若干元一公斤。"杭州银"于是闻风而动，开业那天排成长龙，后面的人前胸贴着前面人的背脊心。其实，也就便宜个块儿八毛的。

杭州某药店开张，免费提供一种壮阳药试用，杭州的老男人天不亮就去排队。

台州人，眼孔大，绝不会为了块儿八毛的小便宜，起大早排长队，用台州人的话来说，丢不起那个脸。

111

台州人到欧洲游玩一圈后回来说，欧洲这些个国家，城市不大，人口不多，要搁在台州，每个县（市、区）都算是一个小国家了，九个县（市、区）可以建一个"大台州联合酋长国"。

他们还说，台州60岁以上的老人就有100多万，光老人们就可以单独成立一个老人国，让台州最长寿的老人当老人国的名誉国王。

附带说一句，论市龄，台州是个年轻的城市，撤地设市不过20来年，但台州比全国提早10年进入老龄社会。

112

台州人善饮，自从严禁酒驾后，台州各大餐饮店，酒的销量直线下降。

台州人还喜欢吃醉虾，喜欢吃酒酿丸子。严禁酒驾后，这两样美食的销量也跟着下降了好多。

113

台州方言中没有敬辞。不像北京人，开口闭口"您"啊"您"的，特别是皇城根下的老先生们,礼数特别周全,敬称多,一开口都是"您"的,哪像我们台州"南蛮子",无论长幼尊卑,一律"你"到底。

台州人见了市长、市委书记,也是"你你你"的。台州人对北京人开口闭口一个"您"字很不习惯,台州人学着北京人用敬辞说"您"时,自个儿都觉得假得慌。

不过,说着说着,也就习惯了,现在台州"南蛮子",说话用"您"的也多起来了。

台州方言中,没有敬辞"您",开口一律"你"到底

114

台州人说话很生动的,使唤不动人家时,就会感叹一句,"手中无米,叫鸡不理"。

115

清末的杨晨归纳台州人的三个特点:一是好讼,二是好斗,三是轻生死。

台州人的骨头是很硬的。所以,没事你们不要惹台州人。台州人气量是很大的,不过一旦惹毛了他们,哼,他们也会给你点颜色瞧瞧。要不鲁迅先生怎么会说"台州式的硬气"。

116

台州的餐饮店越开越多,开着开着,整条街成了美食一条街。

如果让台州的贪吃鹜(台州方言,吃货)用"一带一路"造句,估计他们会这样造:我家小区那一带,一路上全是小吃店。

117

台州方言中没有"我爱你"这三个字,只有"中意"这个词。台州人对某人某物再怎么喜欢,也不会说"爱你爱到死去活来""爱你爱到地老天荒",顶多也就这几个字:中意显。

118

台州人比温州人、宁波人低调实在。开个商人大会吧,温州叫"世界温州人大会"、宁波叫"世界宁波帮大会",咱台州实打实就叫"台州商人大会",一点儿也不要花腔。

119

台州山多，七山一水二分田，以"岙""岭""坑"命名的地方不少，如台州市政府边上的岙里缪、椒江区委党校边上的乃崦岭。

如果台州城里的地名中，出现"岙""岭"这些字眼，哪怕它现在再繁华热闹，再车水马龙，基本可断定，在城市化之前，这些地方都属于荒郊野岭。

120

台湾与咱们的台州湾有千丝万缕的联系。三国时，东吴孙权遣卫温、诸葛直带着万人，就是从咱们这里的章安出海到台湾的。温岭箬山的渔民也说自己的老祖宗是从台湾移居而来的，他们跟台湾人一样信奉妈祖女神。

有一次在饭桌上，有一个朋友问了我一个脑筋急转弯的问题，你知道台州湾的简称是什么吗？

见我不开窍，他哈哈大笑，自揭谜底，台州湾的简称就是台湾。

台州人太能侃了！

121

台州的一些城市，从城市气质上看，原先是村姑，不过，现在大多改走贵妇路线或者名媛路线了，还动不动就跟国际接个轨，起的名，都跟国际有关，开个会，也爱跟国际扯到一块儿。

台州有意思

122

台州人有急切地跟世界接轨的欲望,尤以路桥为最。路桥人急于跟世界接轨的一个最直接的证据就是,路桥人很爱用"国际"二字,什么国际世贸中心、王子国际大酒店、台州国际大酒店、鑫都国际大酒店,一个小小的经济型酒店叫新希尔顿国际大酒店,打的都是"国际"的招牌。

路桥还有个黄石公园,跟美国的国家公园同名。

弄堂里一家很小的洗衣店,叫国际干洗中心。

123

台州人的脑袋灵光是公认的,在酒桌上,有朋友告诉我两个段子:有一位台州商人大字识不了几个,当地警察让他填写表格时,他在"政治面貌"一栏上画了个圆脸——他以为警察在调查长相,但这并不妨碍他在当地建了一座商业城,成了一方富豪。

另一个漂洋过海闯世界、在美国谋生的台州人,二十六个英文字母,只认得扑克牌上的 A、J、Q、K,别的都不认识,却愣是凭着"像楼梯样子"的字母开头 Z 找到他的客户,做成了生意。

124

过春节,台州一些企业给客户送春联,越土越俗的对联,要的人越多，像什么印着"生意兴隆""招财进宝"之类的烫金对联最招人喜欢，如果再在对联上印上两个金光闪闪的大元宝，马上就会被客户一抢而光。

125

看到网上的一篇热门文章《中国最富有的 19 个城市：你的故乡上榜了吗？》，吓了一跳，台州榜上有名，评语是：浙江的城市，不说了，富裕得让人想入非非了。

台州，真的已经富到让全国人民想入非非的地步了吗？

126

台州人实在，在情感上喜欢单刀直入。台州男人说，问世间情为何物，说白了，就是三种激素——苯基乙胺、多巴胺、内啡肽在作怪。

台州女人更干脆：问世间情为何物，说白了，就是一物降一物。

台州女人降自家男人，有自己的"降龙十八掌"。不过，台州男人自有办法，能见招拆招。

127

台州是座甜蜜蜜的城市，这个城市一年四季盛产各种各样的甜蜜瓜果。在台州，不吃肉，光吃水果，就能长胖。

台州又是座鲜嗒嗒的城市。一网下水，捞上来各种各样的大小海鲜,台州的海鲜不但多,而且特别鲜美,鲜得你眉毛都要掉下来。

台州还是座酸溜溜的城市。台州人太爱吃醋了,全中国除了山西人,就数台州人爱吃醋。

128

浙江有四分之一的水果出自台州,每年省里开农博会,台州拿奖总是拿到手软。台州女人喜欢吃各种时令水果,她们说,一天不吃水果,嘴里都淡出那个啥啥啥来了。

129

不要以为大海都是蔚蓝的,你在城里看到的台州的海,常常是黄色的。不过,黄不黄不要紧,关键是海鲜多不多。

台州的这片海,非常对得起爱吃海鲜的台州人,它的面积、水产产量和产值,在浙江都是排名第一。台州人,有口福。难怪人家说,台州,是老天赏饭吃的地方。台州人觉得,什么满汉全席,哪比得上我们台州的海鲜大餐啊。

130

台州的这片海,富含营养,生活在这里的鱼虾蟹,天天吃营养大餐,发育得特别好,长得自然比别处的海鲜要肥壮鲜美。

西部的人到了台州,台州人带他们看海,他们从未看到过海,看到广阔的大海,心里很震撼。

吃了台州的海鲜后,他们就更震撼了!

131

都说新疆是瓜果之乡,什么"吐鲁番的葡萄哈密的瓜,库尔勒的香梨人人夸,叶城的石榴顶呱呱"。

其实,台州才是真正的瓜果之乡,台州有首童谣:"五月枇杷黄,六月杨梅红,七月水蜜桃,八月雪梨葡萄熟,九月柿子葡萄熟,十月蜜橘葡萄香。"台州出产的水果,含糖量之高、品种之丰富,跟新疆的瓜果有一拼。

一点不吹牛,新疆有的水果,台州都有。但台州有的水果,新疆不一定有,比如杨梅、文旦、柑橘。

现在你知道,哪个地方是真正的瓜果之乡了吧。

132

说台州是甜蜜之城,这句话没有任何吹牛的成分。台州这一方水土,养一方人,也养一方好果子。

全中国最贵最好吃的橘子就出在台州。在台州,光橘子就有近200个品种,丰富得不像话。

除了橘子,玉环的文旦为世界四大名柚之一。如果说京剧界四大名旦是梅兰芳、尚小云、程砚秋、荀慧生,那玉环文旦就是柚类中当之无愧的四大名旦之首,相当于京剧界的梅兰芳。

除了文旦,还有橙子——温岭的高橙、三门的脐橙,都是橙类中的当红名角。

玉环文旦就是柚类中当之无愧的四大名旦之首,相当于京剧界的梅兰芳

133

台州的西瓜很出名。

有个在台州汽配厂里做高管的日本人,退休之后依然久居在台州,不愿回日本去。理由听上去匪夷所思,这个日本人的梦想就是买一个大西瓜,切成两半,用勺子挖着吃个痛快。到了中国后发现,原来每个中国人都是这么吃瓜的。

虽然每个中国人都是这么吃瓜的,但不是所有的中国人都能吃到台州这么好吃的西瓜的。所以他选择留在台州。

动机就这么简单。

134

台州的无核蜜橘甜如蜜。某年,地方领导到北京出差,送了几箱无核蜜橘给长辈,结果长辈从未吃过这么甜的蜜橘,吃了后,打电话给地方领导说,小某啊,你们这个橘子很好,就是太甜了,我有糖尿病,没口福吃啊。

135

既然长辈有糖尿病不能吃蜜橘,善解人意的地方领导就改送杨梅。第二年夏至,杨梅熟了,地方领导又出差去北京,捎了几箱杨梅过去。结果过了几天,长辈又打来电话,小某啊,你们台州这个杨梅很好啊,就是有些杨梅长了虫子,一洗,虫子都出来了。

长辈不知道,在台州人眼里,杨梅长杨梅虫,是天经地义的,而且,吃杨梅,台州人是不洗的。

136

上海人到台州,跟台州朋友去采摘杨梅。吃杨梅时,心细如发的上海女人发现杨梅里有白色小虫子,娇滴滴地喊叫:哎呀,杨梅有虫!

台州美眉满不在乎地解释道:这是杨梅虫!富含蛋白质,多吃能提高抵抗力,还能美容。

137

端午吃粽,别地方的粽子是各种肉粽,考究点的是猪肉火腿粽。台州有海鲜粽,里面有鱿鱼干、虾干、香菇、板栗、五花肉、咸蛋黄!

除了粽子里有海鲜,台州的月饼里也可以吃到海鲜,台州的海鲜月饼里有章鱼馅、蛏子干,台州的海鲜月饼,跟衢州的鸭掌月饼、丽水的知了月饼一样,可以算是月饼中的奇葩。

138

台州是啤酒、红酒、白酒的天下,最不受待见的是黄酒。台州人很少喝黄酒,哪怕菊黄蟹肥时节,照样也是喝啤酒、红酒、白酒的。

黄酒是文人酒,别处的人喝黄酒总能喝出点风花雪月。台州人喝黄酒,好像过家家似的,有时加一个鸡蛋,谓之蛋花酒;有时加一勺红糖几根姜丝,说是用来活血;有时放一把血蛤进去烫着喝,说是血蛤酒大补。

最让人匪夷所思的是,他们会在黄酒里兑点可乐,加点姜片,用来当板蓝根防治感冒。不知道这算不算台州人的创举,反正祖国传统医学宝库里,是没有这一招的。

139

在台州,姜汁和姜丝相当于板蓝根。

台州人偶感风寒,有时懒得去医院,就土法上马治感冒,他们除了黄酒兑可乐姜片,还把可乐和着姜丝炖着猛喝,或者到大排档,叫上一碗热烫烫的姜汤面,趁热吃下去,发一身汗,感冒去了一半。

140

不要看不起台州的杨梅酒,初喝像果汁,让人不以为然,但后劲很足。

难怪外地人都说,台州的杨梅酒,欺骗性很强。

这有点像台州人,初看不起眼,相处越久,越觉得实力强,不容小觑。

141

甬台温铁路开通,结束了台州无铁路的历史。甬台温铁路刚开通时,台州人兴奋得不得了。第一次在家门口坐火车,而且一坐就是高科技的动车,激动之余,难免闹点笑话。一篇《台州人不会坐火车》的文章,列举了台州人第一次坐火车时"露怯"的样子:台州人不会用自动售票机;在站台上过黄线拍照留念;动车的停靠时间只有一两分钟,有些台州乘客不了解,火车停靠时,下车抽烟过瘾,结果没抽上几口,火车"嗖"地开走了,只能赶下一班;还有的乘客因为没有提前做好下车准备,整理东西耽搁了时间,结果,本来应该在临海下车的,只好坐到三门下。

台州有意思

结果这篇文章把台州人惹恼了,台州人气呼呼地说:一回生二回熟,台州人第一次坐火车闹点小笑话,有什么可大惊小怪的,有什么好笑的! 要怪就怪国家,中华人民共和国成立几十年了,为什么到现在才想起给台州造铁路! 哼!

第一次坐火车,台州人难免"露怯"

142

第一次坐火车,台州人难免心潮澎湃,有的人激动得热泪盈眶,一家媒体在《百年铁路梦想昨成真　台州人喜迎首趟列车》的报道中,就写到这么一位爱激动的台州人——

上午 8 点 38 分左右,首辆动车"和谐号"缓缓在台州站停靠,从动车上下来的第一位乘客是台州市民罗先生,他是从温岭站过来的,列车中途行驶时间不过 7 分钟左右。为了这 7 分钟,罗先生可谓用心良苦。据了解,罗先生是椒江人,因为获悉温岭站是首趟动车经过台州的第一站,所以他早几天就买好了温岭站的火车票,头一天晚上,他就专门从椒江赶到温岭,并在离站房较近的宾馆住了一晚。

从车上一下来,罗先生激动得满眼泪光:"太爽了,太爽了,真是太爽了! 以前只能去其他城市坐坐火车,现在终于能在家门口坐上火车了,而且是这么先进的动车。"

从中可以看出,台州人对新鲜事物很是好奇,不过语言好像有点贫乏,谈点感受,也只会用"太爽了太爽了"这几个字。至于怎么个爽法,一个字都没说。

143

台州人太勤劳太能吃苦了,天不亮这里的市场就开门了。早点摊,五点多就开张了,这里的银行开门也早。全国各地的银行,都是八点半开门,五点关门,路桥本地的银行,像泰隆银行什么的,早上七点半就开门了,一直营业到晚上六点半才关门。这种服务理念,连李克强总理都忍不住点赞。

144

属于正式场合的饮红酒礼仪:第一,喝酒前先将嘴巴擦干净,否则杯上将留有唇印;第二,拿高脚杯时勿碰触杯身,要手持杯脚细长部;第三,喝红酒不要一口喝完。

不过,这三点,在台州,你可以忽略不计,台州人不理会这些酸文假醋。一瓶几百元的红酒上了台州人的饭桌,一下子给你倒个满杯不说,还要一口气干光。不喝光是吗?你这家伙太不够意思了,简直不配当台州人。

就算是高档的拉菲葡萄酒,台州人也会兴致勃勃地来个红酒兑可乐,然后"感情深,一口闷"。

台州人,喝酒就是这么爽快。当然,他们做人也是这么爽快的。

145

台州人对吃有种近乎天然的热爱,街上不起眼的泡虾摊或者卖姜汁炖蛋的小店前,经常停着一长溜的宝马、奔驰、卡宴等豪车。

那些个身价几千万甚至上亿的台州土豪,眼巴巴地等在锅灶前,就为了吃上一口热乎乎的泡虾或者一碗香喷喷的姜汁炖蛋。

146

不要小看台州那些卖泡虾、卖麦虾、卖姜汁炖蛋的,他们卖这些小吃,腰包鼓得很,一年挣个一二十万随便玩玩,挣个七八十万也不稀奇。他们卖这些小吃,还看时令,看心情,比如卖姜汁炖蛋的,夏天天热,吃姜汁的人少,老板索性把店门一关,驾车游山玩水去了。有钱,任性!

147

早些年,在台州,哪个大学出来的学生最牛?不是北大,也不是清华,而是台州学院！

台州最高学府台州学院原先在北固山山脚下,当台州学院还是台州师专时,那里就被戏称为台州官场的"黄埔军校"。中央政治局常委,不少是清华的毕业生,而台州的市委常委、县(市、区)领导、部委办局的头头,就有很多是台州师专毕业的。

148

浙江哪个地方的人最爱美女呢？想不到吧,是台州。

台州人男人很"好色",涵盖杭州、宁波、温州、嘉兴、湖州、绍兴、金华、衢州、舟山、台州、丽水 11 个城市的浙江省单身男女的情感调查报告显示,在 11 个被调查的城市中,台州男人最喜欢美女,有 60% 的台州男人在择偶时,首先考虑女性的相貌和外表。

台州男人觉得,找老婆就要找个好看的,长得不好看,心灵再美、内涵再丰富也不管用,"带不出去啊"。

149

苏东坡有诗："一年好景君须记,最是橙黄橘绿时。"他如果到过台州,就不会这么写了,"橙黄橘绿"是不符合事实的,在台州,橘子黄时,橙子才绿,应该是"橘黄橙绿"才对。

150

说秋天是菊黄蟹肥的季节是没错的,不过,在台州,更准确的说法应是:橘黄蟹肥。每到橘子黄时,台州田里的、湖里的、海里的螃蟹也肥得够可以。一到秋天,台州很多单位的食堂,都有各种蟹供应。

151

前几年,每次坐动车回台州,听到报站的女声,把台州站报成"抬"州站,台州人民就很生气:没文化,真可怕! 竟然连我堂堂"大台州帝国"的音都读不准。"抬"州"抬"州,"抬"你个头啊。

有文化的台州人,一听到这个读音,就忍不住向列车员提意见,后来连新华社记者都听不下去了,替台州人民提了意见,终于把读错的音纠正过来了。

152

台州婚宴的时间,好像唐诗宋词里的数字,往往是虚指。这就好比白发三千丈,并不意味着白发真有懒婆娘的裹脚布那么长。因此,请帖上的五点半之类的时间,也并不意味着五点半一到就会准点开吃,通常会迟上半个到一个小时。

所以,你接到台州人的结婚请帖后,不必按上面写的时间准时去赴宴。迟半小时去,完全没问题。台州人都知道这个套路的。

153

在称呼上,台州人没分得那么细,人家是四海之内皆兄弟。台州人是一家之内,哥和弟统称为兄弟,大一点叫大兄弟,小一点的叫小兄弟,而姐和妹则统称为姊妹,至于堂哥堂弟,则称为叔伯兄弟,堂姐堂妹称之为叔伯姊妹。

154

台州人到朋友家玩,向朋友的父母打招呼,有叫伯父伯母、叔叔阿姨的,也有直接在朋友的名字上加个称呼的,如土根爸、土根娘。比如我儿子小名老虎,我就被叫成老虎娘。听上去很威风。

155

老派的台州人,打个喷嚏一定会说一句"百劫尽消",遇到晦气不顺利的事,也必说这四个字,用于口头消灾。当然,四个字有时会缩短至两个字——"泼消"。

老派的台州人过生日,一定要穿长袖的新衣。为什么呢?"长袖"用方言来说就是"长寿"。

老派的台州人是很谦逊的,在称呼上,总是很自觉地降低一个辈分。比如,有了孩子后,丈夫称呼老婆的妈妈,不叫妈,而要跟着孩子叫"外婆";妻子的兄弟,也不能直呼其名,要叫娘舅。同样,有了孩子,媳妇见公婆,要叫"爷爷孃孃"(爷爷奶奶)。至于夫家的爷爷奶奶,则要叫"太公太婆"。

156

老派的台州人没有"左右"之分,他们把左面称为奇手面,右面称为顺手面。你去问路,恰好碰上一位上了年纪的台州人,他会告诉你,喏,你先往顺手面走,过两个红绿灯,再往奇手面走个五分钟,就到了。

157

台州人考证出,近年来从港台流行过来的"爽"字,台州人几百年前就在用了。我自己也觉得台州人老老小小的感叹词"啊呐呐",比港台腔的"哇"表现力更强。

158

网络上的热词在台州都有对应的词语,比如"给力",用台州方言来说,就是"煞甲"。网络上还有个热词"Hold 住",台州方言就是"行得牢",这个"行"字要念成银行的行。还有那个"然并卵",台州话就是"卵个用"。

159

台州土豪的钱包,可以是 LV 手提箱,也可以是蛇皮袋。

台州人的蛇皮袋,有时是用来装垃圾的,有时是用来装钞票的。

在台州各家银行的营业大厅里,有时你会看见衣着土气貌不惊人的土豪,从蛇皮袋里拿出成捆成捆的钱来,豪气满满地说:存一百万!

160

台州人爱投资。一个作家朋友谈到对台州的印象时说,他以前去台州一个只有两个房间的家庭小旅馆住宿,楼下兼做服务员的老板的儿子每天捧着订阅的《收藏》杂志看,还不时拉上他谈论各种收藏品投资。

还有一个作家朋友告诉我,他邻居是台州人,最大的爱好就是看楼盘,哪里的新盘开了,只要有空,他都会跑过去看。看到喜欢的,就来一套。

161

台州的那些土豪,经常一掷千金买藏品,还喜欢去各个古玩市场"捡漏",他们有一个举重若轻的词:玩古董。有一个土豪,收藏了满屋子的"青铜器",还有一个土豪,收藏了满屋子的"青花瓷"。有一次一批省博物馆专家来台州鉴宝,土豪们拿出古董请专家们鉴别,结果鉴出99%都是假古董。据说,一位土豪收藏的满屋子宝贝,除了一只汉朝的夜壶是真的,其他都是假的。

162

台州人有考证癖。号称千古奇书的《金瓶梅》,作者署名兰陵笑笑生,此生究竟是何方神圣,学界莫衷一是。但是曾经有一段时间,不少黄岩人相信,《金瓶梅》的作者就是黄岩人。因为黄岩有草根学者提出,《金瓶梅》作者不是兰陵笑笑生,而是黄岩人蔡荣名,即台州民间人物蔡缸爿,书中有不少黄岩方言,如果不是黄岩人写的,何来这么多黄岩方言。

呵呵,他难道不知道,南宋不少皇室子弟南迁到台州,带来了北方

台州有意思

方言吗？

看了这些考证的论据,我哑然失笑。呵呵,想不到黄岩老早就这么开放了。黄岩人考证出《金瓶梅》的作者为黄岩人,我是不是还可以添上一笔:黄岩有个地名叫西门,那个荒淫无度的主儿西门大官人就是在黄岩西门出生的,故起名为西门庆。

163

受《金瓶梅》作者为黄岩人一说影响,天台人在酒桌上也"考证"出,《金瓶梅》是天台人写的。因为在欢爱前后,李瓶儿总是洗手剔甲,做些葱花羊肉一寸的扁食儿给西门庆吃,"扁食"正是天台方言。全台州只有天台话是这样说的,至于《金瓶梅》中,挨打说成"吃柴"、便宜说成"巧",天台人到现在还是这样说的。

酒桌上的天台人还考证出,《水浒传》的作者是天台人。因为天台人把老虎叫成"大虫",把鸟读成"屌",茶不说一杯而叫"一盏",把楼梯说成"胡梯",把路子说成"路数",跟《水浒传》里的说法并无两样。

164

临海人也考证出《红楼梦》是临海人写的。因为《红楼梦》中的"小人"(小孩子)、"搛"(用筷子夹食物)、"裁衣裳"、"哄他"、"屋里人"、"等烦了"、"几时"、"人客不少",都是实打实的临海话。

其实,媒体人也知道这些名著的作者压根儿不可能是台州人,但是他们乐得拿这个事炒作一番。

台州人要是再这么考证下去,会考证出四大名著都是咱们台州人写的。

165

有人开玩笑地说,台州是全中国最"色情"的城市,大街上公开"卖卵""卖淫"。

三门青蟹,当地人称之为"淫"(实际上为"蟳"字)。玉环文旦,土话就叫"卵"(实际上是"栾")。

外地人出差到三门,没事逛菜市场,卖菜的妇人一个劲招呼他:淫要伐淫?

到了玉环,小贩又在叫卖:卵要伐卵?

166

在台州方言中,"鸟"读成"屌"的音。"树上的鸟儿成双对",用台州的方言说,就是"树上的屌儿成双对"。当你听到台州美女开口闭口"屌"字,什么"这里有好多屌啊""这屌真大啊""这屌好漂亮啊",你千万不要大惊小怪。她们只是称赞台州这地方,环境好,鸟多,鸟大,鸟儿很漂亮。

167

"夏天到了,市民广场飞来成群的丝光椋鸟。"这句话,听起来十分有诗意。如果我说,夏天到了,市民广场飞来成群的牛屎八哥,听上去,就有些倒胃口。其实,丝光椋鸟就是牛屎八哥。

同样，我如果说，早晨，和合公园的乌桕树上，有几只鹊鸲跳来跳去。你感觉生活挺美好的。如果我说，和合公园内的枫树上，有几只茅坑鸟、屙缸雀在跳来跳去，你就感觉不到什么浪漫。不过，台州人的确把鹊鸲叫成茅坑鸟或屙缸雀的。

168

台州人把一种蓝色的杜鹃花称为癫头花，把栀子花称为牛屎花。

169

台州话很生动的。比如，起鸡皮疙瘩，台州人有个形象的说法，叫"毛孔吱吱动"。一首歌唱得太动情了，台州人听得"毛孔吱吱动"。一对男女在人前秀恩爱，朋友看到了，也会觉得"毛孔吱吱动"。

170

台州人说普通话，翘舌不翘舌是搞不灵清的。他们说普通话有个特点，该翘舌的地方不翘，不该翘舌的地方乱翘。

别的地方的人，说鼻音是要经过鼻子的，台州人的鼻音一般不经过鼻子，而是从喉咙头直接发出来的。

171

台州人讲土话，胡吴不分、王黄不分，说普通话呢，又不分前鼻音后鼻音,也搞不清什么翘舌不翘舌的,那些操一口标准京片子的人,要听好久才能明白,台州人说"僵尸""僵尸",其实说的是姜丝。

记得有个朋友,第一次自我介绍说自己是"僵尸"人,吓了我一跳,后来才知道,是天台张思乡人。天台话里,"张思"跟"僵尸"一个样。张思这个地方,春时桃花梨花争艳,当地为了推广旅游,搞了一个"张思田园花海节",用方言一说,就是"僵尸田园花海节"。听听名字是蛮吓人的,进去看看是很喜人的。

172

浙江搞了个普通话调查,根据"推普"调查,浙江超过三成的人不会说普通话。数据表明,全省十一地市中,最不爱说普通话的是台州人,而台州人中,天台人最不喜欢说普通话。

有些台州人到哪儿都是一口台州话,才不管对方听得懂听不懂呢,台州人管这叫作"语言自信"。

173

单位开会时领导也经常讲方言,也不管下面是否还有外地的员工。倒不是领导存心让外地员工听不懂,实在是一口普通话太糟糕,不好意思说出口。

关于台州人说"普通坏"的段子很多,最经典的段子是:玉环混蛋(文旦)没有娘(台州方言,果核)。金秋时节,某同行带一帮外地客人到玉环,来到文旦基地,见累累果实悬挂枝头,领导指着枝头的无核文旦介绍说:"这就是玉环混蛋,跟福建琯溪蜜柚相比,我们玉环混蛋是没有娘的。"

无独有偶,一个临海领导向外人推荐涌泉蜜橘,用台州普通话自豪地介绍道:"我们涌泉蜜橘,'没娘'咯!"

至于台州人说"普通坏",把"座谈会"说成"坐台会"之类的笑话也时常可闻。

174

一口不标准的普通话是很多台州企业家的标配,李书福在电视上豪情万丈地说:我的汽搓(车)梦,台州再出发!

175

台州话表现力很强。比如形容一样东西轻,普通话会干巴巴地说"很轻",台州话则用"屁轻"来形容,有时"屁轻"还不足以说明轻的程度,那就说"屁梢头轻";血红不说血红,而说"血渍头红";墨黑不说墨黑,而说"墨洞死黑"。

176

台州人的骂人话中,有一个词叫"元宝",外人总不能理解,为啥骂人用"元宝"这词。"元宝"是台州人用来形容一个人傻头傻脑、行为愚蠢的,大致相当于别处"二"的用法。

仙居有一种鸡叫"中华第一鸡",不过我更喜欢它的另一种叫法——元宝鸡。

177

台州人表示厉害，用"煞甲"这个词。比较厉害那是"蛮煞甲咯"，十分厉害是"尤煞甲咯"，确实厉害那是"老实煞甲"，非常厉害那就是"煞甲得猛"。

178

台州人把姑娘称为"度娘"，外地人常听成"大娘"。

一个外地姑娘到本地一家服装店应聘售货员，老板见了她，第一句话就是："度娘，台州话港得来伐？"（姑娘，台州话会说吗？）

姑娘不明白为什么老板称她为大娘，不过她听懂了"来伐"这个词，以为老板让她明天来上班，喜出望外地说，好。

179

上了点岁数的台州人，讲起普通话都不怎么利索，开起座谈会，要是让他们用普通话发言，他们讲得磕磕巴巴的，一旦切换成方言，立马眉飞色舞，妙语如珠。

180

台州方言古音犹存，保留着不少古汉语的读法。如果文言文翻译不出，你用台州方言，特别是天台土话读一遍，很多意思就会一清二楚。

181

一个台州人到苏州玩，苏州菜多甜腻，他吃了几天苏州菜，有点吃腻了，想来碟豆腐乳下饭。他把服务员叫过来说，来一点"豆腐许"。服务员说："好的，先生请稍等。"不一会，服务员端上一道豆腐青菜。他生气了："我要的是豆腐许，不是豆腐青菜。"服务员解释道："我们这里没有豆腐许。"

台州人更生气了，拍打着自己的胸部示意道："许，许，豆腐许怎么会没有？！"

182

某地搞大型活动，活动最后是放飞鸽子。但听主持仪式的领导激情昂扬地用"普通坏"宣布："放勃贱！"

边上的人全傻了，这"勃贱"是啥玩意儿？原来当地方言，鸽子被称为"勃贱"。放勃贱，就是放鸽子也！

183

"便宜"二字，用台州话讲，就是"巧"字。台州方言的"巧卖"，就是便宜一点卖。

领导的司机在省城抢黄灯没过，被警察拦下要罚款。司机吧嗒吧嗒说了一大通理由不肯受罚，警察坚持原则执意要罚。领导要赶时间,想尽快结束争执,下了车,对警察叔叔和颜悦色地说:"罚是要罚的!能不能巧一点?"警察叔叔听了,生气地说,什么超一点!超了这么多,还说超一点!

184

朋友在高速公路指挥中心上班,有驾驶员打来电话求助,朋友问他的位置,驾驶员对着路标说:就是那个!水洋扭曲!

上面写的是"水洋枢纽",他把枢纽说成"扭曲"。

有一次开会,一位基层干部汇报工作,把"枢纽"说成"区纽",下面的人花了好一阵才明白过来。

185

有一位很有名的民营企业家,企业做得风生水起,各路记者纷纷来采访。讲到自己创业艰难时,他举例说,那时出门跑业务,为省钱舍不得打的,经常是两条腿走过去,一天走下来,衣服都是烂(台州话,被汗打湿)的。许多记者不明白,为什么走路会把衣服走烂,而不是把鞋子走烂。

186

台州那些上了年纪的农村妇女,尤其喜欢以"姊妹"称呼人。只要碰上女的,不管对方年龄是比自己大还是比自己小,"姊妹"二字脱口而出。

有一次坐飞机，一位农村大妈坐我边上，口渴想要一杯水，见空姐来了，开口就是："姊妹，水有吗？"

187

杭州女人经常把老公挂嘴边，开口闭口"我们老公"。台州女人弄不明白，难道她们的老公是资源共享型的，否则为什么叫"我们老公"？

台州女人说起自家屋里那个男人，就是"我老倌"，指向性非常明确，是"我"的，而不是"你"的，更不是"我们"的。

而台州男人说起自家屋里那个女人，开口就是"我老太"，绝对不是"我们老太"。

台州女人弄不明白，难道杭州女人的老公是资源共享型的？

188

台州女人敢爱敢恨。一位痴情的台州女子为了向意中人表白，十天十夜挂在悬崖边作画，终于在国家 5A 景区神仙居的绝壁上画了一幅六七米高的岩画，画的是情郎的头像。那段时间，一到周末，她就赶到这里，花数小时攀上悬崖，然后垂挂到峭壁上作画。为了节约时间，她就在峭壁上过夜，前前后后花了十天时间，才将爱郎的头像画到绝壁上。

被发现后，这位痴情女答应将岩画清理掉，恢复景区原貌。但很多台州人被她的痴心感动了，希望能保留下这幅壁画。重庆不是有"爱情天梯"吗？我大台州为什么不可以有"爱情壁画"？若干年后，说不定这里会成为著名的人文景点，成为千古传奇呢。

189

台州的丈母娘在女儿的男朋友还没有成为毛脚女婿之前，会挑这挑那，总觉得对方配不上自家的宝贝千金。一旦男朋友转正成毛脚女婿，丈母娘对毛脚女婿是巴心巴肝的好，如果女婿家里条件不好，丈母娘甚至会把私房钱拿出来给他们买房买车。

190

台州人跟温州人一样，喜欢在杭州买房。有数据为证，居民最爱在杭州买房的三个省内城市是——温州、台州、金华,比例最低的是舟山。号称"国际滨"的杭州滨江,有一著名大盘,一共有三千住户,其中一千户是温州人,八百户是台州人。有台州人建议,台州驻杭办事处可以在该小区设个分处。

191

台州人喜欢到杭州买房。杭州的售楼小姐对台州人印象很深,说台州人很能砍价,总能找出各种各样的理由,让你把房价降低些再降低些,不过一旦谈妥,台州人下单、签约的速度非常快。不像杭州人,拖泥带水,磨磨叽叽。砍完价还没完,不是托这个关系就是托那个关系,买套房子个把月也下不了单。

192

台州人古道热肠。台州机关干部住宅小区枫南小区边上有个村叫星星村,一大伯家来了客人,要宰杀家里的大公鸡。大公鸡见势不妙,飞上桥栏杆,大伯上前逮它,它就跳进河里,结果引来里三层外三层看热闹的人,有人在大声嚷嚷:"在那里! 在那里!"有人大叫:"要沉下去了! 要沉下去了!"

当地小伙子,自称"浪里白条江里豚",见人围着这么多,以为有人跳河了,把自行车一扔,叫着:"让开让开,我会游泳!"拼命挤进人群中,准备跳进河中救人,待他趴在栏杆上一看,立马傻眼了。

193

台州人觉得，有一辆好车是成功人生的标配。

台州人爱车，买起车来出手很大方的，一些小青年，车子刚买了没几年，就换车。有些台州人，五年可以换三辆车。还有些家庭，有几口人就有几辆车。有一段时间，在豪车排行榜中，台州的销量和购车均价这两项指标，均超越北上广跻身全国第一。

194

台州人，做生意特别活络，光说他们头发"空心"还不够，说得形象一点，完全可以这么说：台州人，人人头上都"架"有天线，随时随地接收来自四面八方的商机。

台州人会发阳光财。一缕阳光，新千年和新世纪的时候，被台州人拿来大做文章，把全国各地的人都忽悠过来，赚了个盆满钵满。温岭和临海两地，为了争这一缕曙光，争得脸红脖子粗，谁也不肯让步，最后"山海同光"，两地都有份，于是皆大欢喜。

195

台州人能把每一个节都过得有滋有味。光棍节到了，台州的小青年那个兴奋呀。2011年11月11日的光棍节，因为拥有6个1，被称为百年一遇的"神棍节"，台州的年轻人把这6个1解读成"一双一对，一心一意，一生一世"，争相到市区婚姻登记处"脱光"，一时间，工作人员忙得焦头烂额。

那一年的光棍节，光台州市区，就有783对新人扎堆领证，创下历史新高。

借着光棍节的东风，商场把这个节变成了购物节，赚得盆满钵满，酒店咖啡馆之类，更是坐满了双双对对的年轻人。连脱光多年的台州"不光"族，也乐得借这个由头，打着"纪念曾经的光棍岁月"的幌子，胡吃海喝。

196

在台州，千万不要以车取人。就像有翅膀的不一定是天使，也有可能是鸟人；骑白马的不一定是白马王子，也有可能是唐僧。

同样，在台州，开破车的，不一定是"屌丝"，很有可能是低调的富豪。

197

在台州，万万不可以貌取人。那些看上去土里土气，穿着随随便便，甚至拉着板车的小商小贩，很有可能是千万甚至亿万富翁。有些身家上亿的土豪，穿得跟打工仔没什么两样。他们开着宝马747，中饭却随意地点上一份七块钱的盒饭，蹲在店门口，吃得津津有味。我认识的一个大叔，有一排街面屋，七八千万资产，依旧每天拿着扫帚乐滋滋地当他的保洁员。

198

当年的撤地设市、撤镇改区，给很多台州人带来了发财的机会。

那些头脑活络的，趁着撤地设市、撤镇改区的大好时机，抢先买下沿街一排好几间店铺，租给别人，一年租金就可以收个几十上百万。剩下一间，用来卖汽车配件等，自己当老板。

这些老板"包租公"真是勤快，为了减少人工费支出，这些光租金一年就能收几十上百万的土豪，亲自扛着货物进进出出，外人根本看不出这些都是身家上千万的主儿，还以为是雇来的外地打工仔呢。

199

单位边上有一排街面房，是台州乡下最常见的那种顶天立地的立地房，房主都是洗脚上岸的农民。有一回我看见一个戴热帽墩（台州方言，指笠帽）农民模样的人，走出街面房，上了一辆保时捷。

边上的同事捅捅我，用十分羡慕的语气说：看到没有，瞧人家，农民！这款车，280万！

200

台州人有钱的名声已经远扬，台州人到中西部一些城市出差，坐出租车时，问出租车司机：你知道不知道台州？

搁以前,人家出租车司机会说:台州在哪里? 而现在,出租车司机说:知道! 你们台州好地方啊,富得流油,到处都是有钱人!

坐车的台州人听了心花怒放,下车付车钱时,常常痛快地说,零头不用找了。

201

别处的人都说:看到浙 J 牌照的车子最好离得远一点,台州人开车太生猛了。

不管私家车还是出租车,台州人开起来那叫一个猛和冲。甬台温高速公路上,一群豪华跑车把高速公路当成 F1 赛道,在车流中来回超车。这批超级跑车都是台州牌照的,有数十辆,有法拉利 599、保时捷卡曼、兰博基尼等。

台州的一些私家车主还喜欢午夜玩漂移,漂移水平简直跟周杰伦演的《头文字 D》里有的一拼。

据说云南高原红车队领队朱宏曾经有意将赛车引入台州,理由是:台州人既生猛又彪悍,他走遍全中国,还没发现比台州人开车更猛的,这是赛车运动最广泛的群众基础。

202

台州人挺爱参政议政的。官员兴起微博热后,有个台州人冒充南京市市长开了实名微博,头像用的就是南京市市长的大头照,还煞有介事地以南京市市长的口吻,回答南京市民提出的诸多民生问题。彼时恰逢南京大雨,城市排涝不畅,"市长"在微博上承诺尽快解决,一时间,这位善于网络问政的亲民"市长",引来无数粉丝。

203

台州南边的人"无鲜勿落饭",台州北边的山哈人(台州方言,山里人)喜欢吃肉,他们无肉不欢,比如天台人有一句名言常挂在嘴边——"我相见猪肉,弗吃便立勿牢"。意思是说,我看见猪肉,不吃的话,站也站不稳。

204

上海女作家石磊在法国看到法国男人掰开长棍面包,喝着红酒,心里嘀咕道:"作孽啊,喝酒连个下酒小菜都无,拿点面包皮凑数,啧啧,哪里像我们上海人,喝个小酒,无论如何也要弄个三四只小碟子伴伴。"

台州人到上海出差,看到弄堂里的上海老男人,拿着毛豆、螺蛳过酒,心里也嘀咕:"作孽啊,喝酒连个像样的下酒小菜都无,拿点毛豆、螺蛳凑数,啧啧,哪里像我们台州人,喝个小酒,无论如何也要弄点虾蟹过过。"

205

台州美味之城的名声越来越响了。经常有各地的吃货自驾车来台州吃海鲜,连帝都的美食团也跑到台州来,山珍海味吃撑了,他们抚着圆滚滚的肚皮长叹一声:五岳归来不看山,台州归来不看秤啊。

206

每次菜上桌前,台州女人总是矫情地来上一句:哎哟,我要减肥,我只吃"一眼眼"(台州方言,一点点)。

结果,菜一上桌,这些女汉子每次都是甩开膀子吃了"一堆堆"。

207

年关一到,台州各大酒店的生意火爆得不得了,想吃饭,不提前订座,根本没位置。年前到正月十五这段时间,酒店的电梯挤满人,每次上下电梯,总能碰到喝得面红耳赤的台州人。他们嘴里喷出的酒气,简直可以把人熏晕。

208

台州的江边海边都有海鲜大排档,到这些地方点菜是不需要拿着菜单翻来翻去的,你直接指着陈列柜里的大小海鲜,对小二说,喏,我要这个、这个、这个,还有这个,就搞定了。

209

台州的海鲜不仅是鲜美的菜,而且还是主食,比如带鱼饭、黄鱼面、鱼皮馄饨、海鲜粽等。但台州人给海鲜取名字,有点刻薄,什么"拉屎包""棺材蟹""撒尿虾""虾狗弹"等。要知道,这都是些美味无双的小海鲜呀。

210

"撒尿虾""拉屎包"是台州人很喜欢吃的两种小海鲜。如果你知道什么是"撒尿虾",什么是"拉屎包",能一口气叫出十种海鲜的名字,一段时间不吃姜汤面就想得慌,过节吃不到食饼筒就觉得人生了无乐趣,海鲜一上桌就想着蘸醋吃,那恭喜你,你已经融入台州这个城市了。

211

橘子是台州秋天最常见的水果。台州人一到秋天,不吃掉几十斤橘子简直不叫台州人,橘子里含有胡萝卜素,吃多了,脸会变黄。

秋天你到台州,会发现此地黄脸婆比别的地方多。

212

台州有个农民,养了一只大公鸡,这只大公鸡挺讲格调的,是素食主义者,把橘子当饭吃,而且"饭量"不小,每天都要吃 10 多个。这只鸡一看到主人剥橘子,就蹿过来,要跟主人争橘子吃。

幸好是拿橘子当饭吃,要是拿青蟹、黄鱼当饭吃,家里就要给它吃穷了。

213

夏至杨梅红时，台州人都会拿个大玻璃瓶泡杨梅酒。玻璃瓶里泡杨梅酒，是台州人夏日里的标配。

喝不喝是另外一回事，反正到夏天，杨梅酒是要泡的。

214

台州的不少小吃，人文底蕴都很丰厚，比如食饼筒就跟济公有关。食饼筒是最受台州人欢迎的风味小吃之一。传说南宋年间，济公发明了食饼筒。他把各种剩菜裹入面饼中，一尝，味道好极了，于是食饼筒横空出世。

上海开世博会之前，为了让长三角地区的风味小吃齐聚豫园，上海"老法师"组成"美食侦探"别动队，专门到各地探寻民间小吃。"美食侦探"走访台州，偶遇食饼筒——面皮裹上多种小菜，形同大号春卷，又像洋快餐里的墨西哥卷。咬一口，满嘴生香。

上海的食探吃了后，大为叫好，他们把它带回上海。不过，嫌食饼筒这名字土，给它起了个"艺名"，叫"济公卷饼"。

什么墨西哥卷、三明治，跟济公卷饼比，简直弱爆了。

215

食饼筒跟济公有关，糟羹则跟戚继光抗倭有关，而玉环人拿来敲制鱼皮馄饨的那根木棍，据说是当年海上抗倭时用来传递情报的。

216

台州男人对壮阳的兴趣很浓。不管什么东西,只要说可以壮阳,就卖得特别好。

台州人把红牛饮料加热,然后打一个生鸡蛋进去,如此这般,据说可以壮阳。

沙蒜俗称海卵,据说有壮阳之功能,台州人在酒店吃饭,少不得点一道沙蒜汤。

老外说枸杞是"水果伟哥",台州人很相信,超市的枸杞卖得很好。

有一阵子,黄秋葵被炒得很热,据说壮阳效果不赖,于是台州男人吃黄秋葵又吃上瘾了。

217

中国的甲鱼最风光的时候,当数中国田径中长跑队在赛场上夺金掠银那几年。趁着举国上下惊叹"马家军神话",台州人朱圣伟适时请出主教练马俊仁代言了"中华鳖精"的广告。

其实,起初,马俊仁是看不上什么鳖精的。说,中华鳖精,那是啥玩意儿?

后来,朱圣伟"奖"给马教头一辆价值40万元的奥迪轿车,并拿出30万元巨奖给马家军。于是马俊仁在电视里嘶哑着嗓子喊:我们都喝中华鳖精!

那一年,朱圣伟一口气赚了7000万。一时间,"中华鳖精"成了人们养生、送礼无可替代的首选保健品。没多久，市场上各式鳖精，还有什么鸡精、蛇精都出来了。

"马家军"主教练马俊仁代言"中华鳖精"之后，市场上什么"精"都出来了

218

上海人坐在衡山路的咖啡馆里，一口一口，慢慢悠悠地品着咖啡，调着情说着爱。一杯几十元的咖啡，上海人能消磨个半天，还能喝出醉生梦死的感觉。

杭州人坐在南山路的咖啡馆里，搅着调羹，一边品咖啡，一边看着窗外的西湖，享受着"毛惬意的生活"。

台州人坐在闹市区的咖啡馆里,喝着茶,用三副牌大呼小叫地打着"红五星"。

可以这么说吧,台州的咖啡馆,不是用来喝咖啡玩情调的,而是换个好环境吃炒螺蛳、吃炒面、打扑克、吹牛皮的,当然,也是用来谈生意的。

台州的咖啡馆,不是用来喝咖啡玩情调的,而是换个环境吃饭谈生意的

219

台州南边多海鲜,北边多山珍,台州的南边人和北边人时不时抬点杠,都说自己的菜顶好吃。

南边的贪吃鹭(台州方言,吃货),掷地有声地抛出这么一句话:老祖宗说了,宁吃海鲜一口,不吃走兽千头。

所以,请南边的人吃饭,餐桌上如果没有海鲜,哪怕上了烤全猪、烤全羊甚至烤全象,他们都觉得没吃"落胃"。

220

台州最有名的餐饮店叫新荣记，当年从几张桌子起步的小饭店，现在是让吃货尽折腰的"米其林餐厅"。

早些年，台州人从来不在店里养活海鲜的，现在只要是卖海鲜的餐馆，一定有水族箱，养着各种生猛海鲜，而这个头就是新荣记的掌门人张勇起的。

张勇对生活的要求不高，但对食材的要求非常高。别人问他，如何才能挑选到新鲜的海鱼，他风趣地说：选海鱼的标准是看它们的眼睛是不是发着荧光，只有海鱼的眼亮得像色狼的眼睛，这样的海鱼才透骨新鲜。

221

别的地方吃蟹都是交关细腻的，尤其是上海人苏州人，吃蟹时甚至连蟹八件也用上了。

台州人吃蟹是粗放式的，就算拇指粗的蟹脚，台州人用铁齿铜牙一咬，就壳开肉绽了。

222

台州人的牙齿除了可以当蟹钳，还有开啤酒的功能。开啤酒瓶，别的地方的人是规规矩矩拿开瓶器开启的，一些彪悍的台州男人则用牙齿来开啤酒，牙齿一别一咬，这啤酒盖就开了。

223

台州人喜欢吃些杂七杂八的东西，尤爱各种动物的杂件，什么猪大肠、猪耳朵、猪尾巴。我同事到公公家，公公招待上门的媳妇，切了自己最爱的卤猪鼻子端上来，说这玩意最好吃了！

同事一口也没吃，她说她过不了心里那关——怕猪鼻孔没洗干净，还怕猪鼻孔里有鼻涕。

嗯，我同事，神经挺大条的一个台州姑娘，想象力倒挺丰富的。

224

台州人热爱美食。他们看到火烧云，会想到火烧饼；走在杭州的望潮路上，会想到美味的清汤望潮。向他们介绍这是无患子树，他们会听成"无饭吃"树。台州的女孩子生再大的气，发誓绝交那种，只要一块红糖麻糍、一碗麦虾就能让她忘记刚才发的誓。

225

一个上海姑娘劝台州姑娘吃素，说吃素身材好。

台州姑娘断然拒绝：我费了那么大劲儿，爬到食物链顶端，不是为了吃素的。

在美食面前，台州姑娘是衣带渐紧终不悔。

人生有时候是道单选题，要么对得起美食，要么对得起身材，很多台州姑娘选了前者。不过，就算台州姑娘这么能吃，身材照样苗条，因为吃海鲜不太会长膘。

226

臭豆腐臭吗？比起台州的臭苋菜股，差远了，如果说臭苋菜股是臭中九段，臭豆腐嘛，顶多七段。

227

一个湖北朋友说：我们的菜一般都有三种以上颜色，菜里是各种佐料，看上去红红绿绿的。而你们的菜，通常只有一种颜色，那就是食材本来的颜色。

台州人说，你们的菜是浓妆，而我们的菜是素颜。

不是天生丽质，谁敢素面朝天呀，同样，不是食材新鲜，谁敢以本色示人啊。

228

真正败家的不是大城市的白领，而是小城市的土豪。台州人购物欲很强，"剁手党"满街都是，支付宝百强县（市）排名，温岭、临海、天台、玉环赫然在列，而温岭竟然成为全国年人均支出金额最多的十大县（市）之一。

229

每一个新的头衔落下,都会让台州人兴奋一阵。什么"中国金融生态城市第6位""中国最佳商业城市第18位""中国城市综合竞争力排名大陆城市第35位""上市公司数量全国地级市排第二""中国品牌经济城市""全国科技进步先进市""全国双拥模范城""国家汽车零部件出口基地""国家化学原料药品出口基地""中国民营经济创新示范区"等。

自从安上"中国十佳宜居城市"、"中国最具幸福感城市"、"中国十六座洗肺城市之一"、"中国空气质量TOP10城市"、国家级"小微企业金融服务改革创新试验区"、"全国文明城市"的头衔后,台州人的自信心又爆棚了好多,腰杆子又挺直了好多,眼角头又高了好多。

230

台州人收了人家的礼,总是想方设法还礼,而且一定要多还点,否则,就觉得欠了人家大人情,下次见了面一万个不自在。比如说,一个小妞五一结婚,收了同学888元的礼,国庆节该同学结婚,送出的礼就是1088元,绝对不会送个898元。

西谚说,急于还礼的本质就是一种忘恩负义。台州人说:这是什么论调!我们台州人急于还礼,是因为受人之惠,要及时回报。

231

医学博士、作家冯唐说自己最欢喜香港的四件事儿:网络,交通,山路,蒸鱼。最厌烦香港的四件事儿:空调,淫雨,瘦身,硬币。

我呢,台州最让我欢喜的四件事儿:小海鲜,杨梅果汁,云锦杜鹃,朋友住得近。最厌烦台州的四件事儿:夹塞,拼命劝酒,说粗话,夜半放鞭炮。

232

陪外地朋友在台州市民广场散步,朋友说,你们这广场搞得挺大气的,比美国的时代广场还要大,你看,连路名也起得那么贴切,叫溜达路,够我们溜达好几圈了。

我赶紧纠正:你老人家看花眼了,这条不叫溜达路,叫耀达路。

233

除了耀达路,台州有很多地方是以企业名字冠名的,比如泰隆街、珠光街、吉利大道等。

234

台州人买楼盘,当官的喜欢买7楼,"七上八下"嘛,"7"字预示着有往上升的可能。老板喜欢买8楼,"8"者,发也。

但是18楼,老板又不想要了,他们不把这18说成是"要发",而把它想象成"十八层地狱"。

235

在台州,数字"4"不招人待见。因为"4"的读音难听,谐音也不吉利,所以在台州,4 楼很难卖出去。高档小区的 4 楼通常被写成"5B",至于 4 号楼,索性取消掉。

被椒江人称为"干部寨"的市级机关住宅小区——枫南小区,就找不出 4 号楼和 44 号楼。一些高档小区的 13 楼和 14 楼,电梯里显示的不是 13 和 14 这两个数字,而是 12A 和 12B。

236

在台州,什么大学最受欢迎呢? 不是本地的几所高校,而是老年大学,老年大学的国画班、摄影班、舞蹈班、烹饪班火得要命,报个名还得开后门。台州的老年人真的是老有所乐啊。

237

台州人,不太看好姐弟恋。

台州有句老话就是"嫁大吃馒头,嫁小吃拳头"。意思是,找个老公比自己大,老公会宠着哄着迁就着自己,还会好吃好喝侍候着;要是找的老公比自己小,不但没人哄你迁就你,惹火了小老公,还有可能吃小老公的拳头。

238

要说台州人不浪漫呢，的确不怎么浪漫，要说浪漫呢，又浪漫得不得了。一到西方的情人节或者中国的七夕节，所有咖啡馆的座位都是爆满的，坐满了双双对对的情侣，连夕阳红的老夫老妻也过来凑热闹。

唯一的区别是，小情侣的话题以务虚为主，老夫老妻的话题以务实为主。

239

在台州人的眼里，虾有虾路，蟹有蟹路，各有各的路子，各有各的活法。

在台州，当不当官不是最要紧的，关键要有钱。只要你的房子够大够多，你的车子够好够贵，你的自我感觉一点不比领导差，在同事和美女的眼里，你就是个有能耐有花头的人，用台州人的说法就是，是个"龙人"（台州方言，有能耐有本事、风光的人）！

240

台州的男人不太愿意表现自己的温柔和文雅，反倒喜欢表现自己的粗糙和彪悍。他们有点像杰克·伦敦《毒日头》中那个粗野而生命力旺盛的人。这个叫毒日头的男人是阿拉斯加的淘金冒险家，他好赌,可以在一副牌中输光所有淘金的积蓄,然后又和人打赌,完成一项看上去根本不可能完成的任务。靠着无休止的探险和冒险精神,最后实现了人生梦想。

台州男人跟杰克·伦敦笔下的毒日头一样,都是敢打敢拼敢冒险的"纯爷们"。台州男人中,少见"娘炮",多的是"小钢炮"。

241

粉碎"四人帮"那一年,台州地区财政收入 1.0897 亿元,平均每人只有 24 元,当年全区城乡居民存款只有 4401 万元,平均每人 9 元。

现在的台州,是长三角最富裕的城市之一,无论是赚钱还是花钱,都是排在前头的。

台州人财大了,气也跟着粗了。

242

台州人喜欢把跟台州有点瓜葛的名人都拉进台州来。比如,那个有"世界断肢再植之父"之称的中科院院士陈中伟,出生在宁波,年过半百才第一次回台州。他一直说自己是宁波人,但因为他爹是少小离家在宁波打拼的台州人,所以,台州人理直气壮把他归于台州籍名人中,以壮台州人声威。

台州的乡里乡亲说了,老爸是台州人,儿子当然是台州人了。他说自己是宁波人,不作数的。

243

台州的老板很能吃苦。我有几个办企业的朋友，从早忙到晚，不到晚上 11 点绝不离厂。一年 365 天，没见他们有闲着的时候。

刚创业时，这样辛苦好理解。企业做大了，这些老板照样不肯闲着。一个朋友，亿万身家，照样天天穿着工作服，拿个碗跟员工上食堂打饭。还有一个老板，也是亿万身家，上海黄浦江边有豪宅，杭州西溪湿地有别墅，都没时间享受，还是天天在厂里转悠，七八十平方米的小房子住到现在也没挪窝。

244

说到台州的企业家，李书福肯定绕不过去。

见过大世面的李书福，言谈举止相当有气势，不过，他的一举一动、一言一行，还是台州人本分的做派。一家省媒是这样写他的：虽然李书福身家不菲，但他总是身着廉价的蓝色西装、灰色袜子、便宜的皮鞋。他还把自己配的治失眠的药丸到处送。在台湾因天热，光膀子穿件西装。只不过，没出名之前，人家觉得此举土气粗气，出了名后，就叫大气豪气。

245

关于吉利，坊间总是有很多传闻，或者叫传奇，这是其中一个：那时吉利的名气还没现在这么大，某年，"风云浙商"颁奖，得奖的浙商都大步走上台领奖，唯有台州的汽车大佬李书福走得特别慢，几乎是以电影慢动作的姿势上去的。等他下来，有人问他为什么走得这么慢，李书福慢吞吞地说，我要多点时间亮相，让电视台多拍几个镜头，这样可以为吉利多打些免费广告。

246

陪同央视记者采访，一路上，我们探讨生活质量和幸福指数。说到采访的某位台州富豪以抠门著称，辛苦赚钱，日进斗金，却舍不得多花一文。我们说：这种人死了，悼词都很难写。

央视记者说，可以这么写：台州某某人的一生，是辛苦挣钱的一生。

247

台州是著名的杨梅产地。台州的东魁杨梅很大很出名，但外地人没吃过东魁杨梅，常听成"钟馗杨梅"。

夏至杨梅红时，我托人带了两箱东魁杨梅给北京的好友，让他尝尝我们台州的东魁杨梅。北京的朋友吃后，给我打电话说，哎呀，你们的钟馗杨梅味道真不赖，还长得跟钟馗似的，这么粗大的个儿。

无独有偶，我让新同事去订几箱仙居的乌炭梅。不一会儿，这个湖北小妞打来电话：店里说乌炭梅已经订光了，只有钟馗杨梅了，我们还要不要？

台州有意思

248

台州养兰花的风气蛮盛的,年年都有兰花展,那些养兰高手,靠兰花发了不少财。有的名贵兰花,一盆就值百万,一盆兰花就可以换一辆豪车。

249

所有的台州人,无论是有钱的没钱的,清高的还是世俗的,有文化的没文化的,骨子里都充满了对两种东西的渴望,一是豪宅,二是好车。

250

台州一批橘农去浙江农林大学进修,有一天的课程是安排参观当地的橘园,说是向当地种橘大户学习。一到橘园,台州的橘农手就发痒了,看到橘树啥也不说,咔嚓嚓就剪开了。

带队的老师拦都拦不住,把橘园主人吓得不轻,以为来了一帮砸场子的人。

几经解释才明白,给橘树动刀剪开不是跟橘树有仇,而是为了让橘树更好地结果。

251

台州人想象力丰富。创建卫生城市时,退休了的大妈大爷在小区里宣传文明卫生,打头的大爷拿着大喇叭用土话在那里喊:"爱国卫生日日搞!"

一群大妈跟在后面喊:"日日搞! 日日搞!"

"瓜皮纸屑莫乱抛!""莫乱抛! 莫乱抛!"

"五讲四美新高潮!""新高潮! 新高潮!"

路人看着这一群喊得起劲的大妈大爷,个个笑得像花痴一样。

252

因为想象力丰富的台州人太多了,一些单位还一本正经地改了名——台州职业技术学院,大家都暧昧地、心照不宣地叫成"职技院",为此,台州职业技术学院特地下发了一个文件,定下台州职业技术学院的简称为"台职院"。弦外之音是,呵呵,不许你们再叫我们职技院了。

《台州职业技术学院报》,用毛主席写的字集字而成,老长的报头。校报的编辑问领导能否用简称,领导斩钉截铁地答:不行!

253

台州人,一盘龙虾能干掉一箱子酒。

台州人喝啤酒,是牛一样的豪饮。各类啤酒厂商都在台州搞过啤酒节,啤酒节上一个重要的活动就是喝啤酒大赛,台州男人争相上台,拿起酒瓶就狂喝,喝得肚子圆滚滚似西瓜,嘴角像螃蟹一样挂着白沫沫,还不肯下来。

254

有个北方作家拍着胸脯说，过了长江，喝酒我就不怕了。没想到，在台州第一次喝酒，就栽了大跟头。

哼哼，台州人的酒量小觑不得。台州人聚会，喝酒那是必须的。早先，台州人喝的还是斤把装的红酒，有一段时间，十斤装的红酒都上场了！那红酒瓶有热水瓶那么大，看上去，就像个炮弹筒子！

每回外地作家来台州采风，走马观花几天，作家们对台州的印象还是不甚清晰。不过，他们对台州人的酒量和豪气，个个了然于胸。

255

在台州，如果有人说要喝啤酒，通常服务员不问你要几瓶，而是吭哧吭哧先搬一箱过来放边上。

256

台州人酒量真好，一顿饭吃下来，在座的不少人喝得满脸通红，台州人管这种人叫"红头君"。红头君是一种头部发红的小鱼。

台州人，太幽默了。

台州人酒量好且酒风好，一顿饭下来，常见"红头君"

257

　　说台州是啤酒商家必争之地一点也不过分。据保守估算，台州人年消费啤酒量约有 35 万吨，人均消费量在全国地级市中占榜首，有好事者统计过，把台州人喝过的啤酒瓶首尾相连，可以绕赤道 3.95 圈。

258

　　一位台州小伙，行车途中发现油料不足，因为是晚上，边上又没有加油站，正好车内有几瓶白酒，想想汽油和酒的成分都差不多，便自作聪明地往油箱里灌了一瓶白酒。

结果,车子没开出多久,发动机就冒起了黑烟,轿车晃悠悠地像喝醉了酒,一头栽进牛粪堆。

259

台州人嘴里叫得很热络的,什么姊妹啊兄弟啊。特别是酒场上,几瓶啤酒下肚,酒过三巡,脸红脖子粗,一口一个"兄弟""姊妹"叫开了,叫得那个亲热啊,让人真以为是一母所生呢。酒喝得痛快时,台州人不管是交情二十年的,还是才认识五分钟的,统统喊兄弟。女的呢,则叫姊妹,显得格外热络。

当然,走出酒店,酒醒后,这"兄弟"啊"姊妹"啊,有时又会变成半生不熟的人。

260

当地媒体煞有介事地跟啤酒爱好者们讨论喝啤酒的 N 多好处:

"天热,吃不下饭,喝瓶啤酒,解渴还解乏。"

"买一瓶矿泉水也要一两元,而买一瓶啤酒差不多也是这个价钱。"

"度数低,容易入口,哪怕不会喝酒的人也能喝上两口。"

"很多品牌的啤酒还有奖,买一送一的概率还挺高。"

"啤酒还可以做啤酒鸭,好吃。"

"猪肉放冰箱里久了,不新鲜,放啤酒里浸一下,很快就有弹性了,味道比原先好很多。"

"喝不完的啤酒还可以用来保养头发,可以去头皮屑。"

"啤酒利尿,还有助于防止便秘。"

"朋友相聚,喝完一箱啤酒,也没多少钱。"

既然喝啤酒有这么多好处,那台州人自然得大喝特喝了。

261

在很多台州人的眼里,啤酒不是酒,而是饮料。

有个台州女人跟家人闹了点矛盾,向当地的晚报热线诉苦道:天热我喜欢拿啤酒当饮料喝,下班回家,我喝了两瓶啤酒解渴,公婆就看我不顺眼了,难道我喝点饮料也不行吗?

敢情,台州女汉子把啤酒当饮料看。

262

别以为台州人爱喝酒是酒糊涂,台州人才不糊涂呢。台州人喝酒时,你说什么他都会答应你,不过你别高兴得太早,以为几杯酒就把台州人拿下了摞倒了。

酒醒后,台州人会不动声色地说,是吗,我说过了? 我怎么记不得了?

你如果较真,他们会笑嘻嘻地说,谁会把酒场上的话当真呢。

263

都说狂风巨浪,但风有多狂,浪有多巨,只有台州人才知道。在台州,刮台风的时节,掀起的巨浪才真叫巨浪呢,最高的足足有 32 米。大陈岛特地立了一块碑,叫"世界巨浪纪念碑"。

除了这个巨浪纪念碑,台州还有好几个地方也立了碑,不过不是巨浪纪念碑,而是"台风登陆点"的石碑。

264

第四届浙江作家节在台州举办,记者采访天津作家王松,问他是否来过台州。

王松说没来过。

又问,是否听说过台州?

王松老老实实地答,听是听说过,是在中央气象台的气象预报中听到的,听到时,一般就有台风或热带风暴登陆,而且登陆的地点往往是在台州。

265

经常有外地朋友问我,你们台州的得名跟台风有关吗?

我说,跟天上的三台星有关,跟台风半毛钱的关系也没有。

266

说实话,如果台风一个夏天还没来,台州人还觉得不习惯呢,总觉得这个夏天过得不像夏天,总有靴子还没落地的那种不踏实感觉。只有台风来过了,台州人心里才踏实。台风都来过了,秋天还会远吗?

267

虽说是"十防九空",但每次说有超强台风要来,领导们都严阵以待。有时候,台风如约而至;有时候,台风却爽约不来。

某次,超强台风预计在温岭石塘登陆,结果拐了个弯北上了,市里一把手在抗台指挥部纳闷地自言自语:台风说好了在台州登陆,咋又变卦了呢?

言语间,好像还怪台风不守信用。

268

大陈岛近年来很热门,到大陈岛游玩要坐轮船过去,如果来了台风,轮船开不了,上了岛的人就回不去。有一次某单位到大陈岛搞集体活动,忽然来了台风,船开不了,大伙儿就在岛上多待了三天,个个高兴坏了,多好的机会啊,天天在酒店打扑克、吃海鲜、吹牛皮,白白多了三天假,因为是"不可抗力"造成的,领导也不好说什么。

269

台风来时,这条短信息很流行——气象局通告:由于台风登陆沿海地带,所有移动、联通用户这几天请保持关机状态,以免巨大台风把信号吹到大洋彼岸，造成不必要的漫游费用。

收到短信的台州人都会心一笑。

270

有个省里的干部到基层锻炼，来台风时跟着乡镇干部到下面抗台，接受任务后领到一只避孕套，他想，在台州抗台还有这福利？

正胡思乱想间，看到边上的乡镇干部利索地把套子套在手机上，他才明白过来，敢情这避孕套是抗台时当防止手机进水的保护套用的。

271

台风一来，台州人到处发短信预警："台风来了，各位有老公的抱老公，有男朋友的抱男朋友，有情人的抱情人，啥都没的抱电线杆，抱紧了别让台风吹走了，穿衣服也要注意，穿好了一定要系条绳子加固，免得被强台风刮成裸体。"

外地人觉得台州人真能说笑，台州人都懂的，这话真不是开玩笑。

272

台风一来，记者们都出动了。电视台记者在狂风暴雨中采访，腰间都要绑根绳子，倒不是怕被强台风刮走衣服，刮成裸体，而是怕直接给刮到海里去。有一年强台风突然来袭，我撑着伞回单位值班，被大风刮到树边，我死命抱着树，才没被刮走。另一实习记者被刮到墙边，像块胶布一样贴在墙上。

到湖北出差,湖北朋友问我,听说你们那里强台风来时,人都被刮到树上,然后抱着树哧溜溜下来。

敢情湖北人把我们台州人看成猴子了。我说,没那么夸张,不过也八九不离十。

273

台风一来,鱼塘里的鱼都跑出来了,有时候可以拿着网直接上街捞鱼捞虾。有一年强台风来时,我就在自家的院子里抓到一条斤把重的鲤鱼。

还有一年刮台风,一家海鲜厂的海鲜存货柜被大水冲开,各种鱼被冲了出来,什么黄鱼、鲳鱼、梅童鱼、比目鱼……全顺水漂到街上,边上的人不管台风还在肆虐,都蹚着水去抓鱼,比过年还要开心。

274

印象最深的是那年"云娜"台风来,当时我还住在临海,整个临海城差不多有半个城进水,我住在一楼,家里进的水有齐腰深,凳子、沙发、柜子、床,都被水泡了。

蹚水出门时,发现临海的大马路上竟然有人在撑船,边撑船边唱:"妹妹你坐船头,哥哥我岸上走……"

除了临海,那年台风也袭击了椒江,椒江的大马路上,竟然停了好几条大船,这些船都是被台风刮上岸又刮上街的。

台州有意思

275

台风年年来,台州人见惯不惊了,再大的台风,台州人心里也不怵。

虽然每年台风都会刮走台州几个亿甚至上百个亿,但台州人很想得开。台州人说,老天待我们台州人还是很够意思的,这么多的自然灾害,老天爷没让地震、海啸、火山喷发降临台州,光一个台风,问题不大。再说了,台州台州,台州这名,命中注定就要来台风的,台风不来台州,还想去啥州呀?

台州人的确想得开,心态超好。

276

一位台州朋友,在乡镇工作,年年抗台。前几年调到苏州工作,每年八九月份,浙江一刮台风,苏州就很紧张,要大家准备抗台,差点把我朋友的大牙笑掉。就这点雨这点风,也就树被风刮得晃了晃,哪用得着抗什么台呀,我们大台州的台风那才叫台风呢。

那些远离故土在外打拼的台州人都觉得,天是台州的蓝,空气是台州的好,海鲜是台州的鲜,水果是台州的甜,连台风,也是台州的厉害。有些时候,台风还成了他们的乡愁。

277

台州人嘴皮子不利索,再说也没有吃得忒空,来做一些无谓的论争。在台州,闲谈终日的人极少,无所事事的人更少。台州人敏于行而讷于言,所以本地电视台做的访谈节目,台州人的表现都像木瓜,讲不到三句半就完事了。

电视台做节目,记者有时会当街扯住几个人谈感想,面对摄像机,讲得口若悬河的,一般都不是本地人。

278

台州的很多土特产店,是一店两用的,它既卖笋茄、番薯干、山茶油、茶叶等土特产,又当茶室用。在这些地方喝茶是不要钱的。所以,一些爱交际但钱又被老婆严格管控住的台州男人,呼朋唤友,把土特产店当成重要的社交场合,三天两头泡在土特产店里喝茶、打牌。

279

黄岩机场不在黄岩境内,而在距其20公里远的台州市贸易中心路桥区,准确的叫法应该是路桥机场,不过台州人都叫黄岩机场,前几年才改名为台州路桥机场。

虽然机场小得像公交站,但好歹台州有一个机场,单凭这一点,台州人就比丽水人牛气。

280

关于台州这个机场,早些年,着实闹了些笑话。那时,黄岩机场还没叫台州机场时,经常有客人犯迷糊。一位福建客人到台州谈生意,生意谈好后,他准备飞往北京。他在台州市民广场前的酒店门口拦了一辆出租车。

司机问:去哪里?

客人:黄岩机场。

司机打表沿市府大道往路桥方向开。

客人:哎哎哎,我去黄岩机场你怎么往路桥开?

司机不以为然地说:没错。黄岩机场就是路桥机场。

福建人生气地说:你蒙谁呢,你太过混(过分)了,当我是白痴啊,你们台州人想多赚钱也不能这样赚啊。

司机用台州普通话诚恳地说:我老实(台州方言,的确)没哄你。

福建人更生气了:你还说自己老实,飞机场在路桥,这飞机票怎么不印路桥—北京,而是印黄岩—北京呢? 看来你是欠揍!

281

作家何建明也说:我第一次去台州采访前,竟然不知道中国还有个叫"台州"的地级市。买飞机票时,服务员特意为我查了好一会才告诉我,只有到黄岩机场的,好像台州就在黄岩附近。最后电话打到台州市委才弄明白,原来黄岩机场就在台州市区。可为什么不叫台州机场而叫黄岩机场呢? 到台州后问了当地官员,他们苦笑着告诉我,建机场时,国家民航部门的管理者说,国内和国外的人都知道黄岩,因为黄岩蜜橘出名,台州没人知道,若起名台州就会影响民航的"社会效益"。台州人哭笑不得,只好认账。

282

台州人为了下一代很舍得投资。为了孩子,他们总是想方设法跟老师搞好关系。杭州一位名校校长说,台州人喜欢把孩子送到杭州的好学校读书,嘉兴人和湖州人也一样望子成龙,不过,台州的家长特别擅长与老师拉关系,经常给老师送土特产,请老师吃吃喝喝玩玩乐乐,而杭嘉湖的家长把心思放在培养孩子的才艺上。

他得出一个结论:台州人的情商比智商高。

283

一些比较讲格调和情调的台州人,喜欢在家搞个小茶室,考究些的,茶海要用紫檀茶海,茶要用多少年的普洱,至于泡茶用的水,不能用自来水,顶不济也要用山泉水,说这样泡出来的茶才好喝。

一次,一位人文素养很丰厚的大领导请我到他家赏昙花,用冰川水泡普洱茶招待我。领导说,用这冰川水泡茶,味道特别好,不过价钿(价格)也不低,相当于93号汽油的价钿。

那一晚,在领导家,在等待昙花一现的两小时中,我喝了好几升93号汽油。

284

台州人自信心常常爆棚,微信朋友圈里经常会看到《大批北京人逃到台州来》《2016年,台州将取代香港》这样的文章。

北京人逃到台州来?还大批呢,他们来台州干吗,另立山头吗?台州将取代香港?别说2016年不可能,2116年也不可能。但台州人还是乐滋滋地转发,台州人的自我感觉是不是太好了呢?

285

这几年,台州的农家乐蛮兴旺的。一位朋友,老家在山清水秀的乡下,他家里人也开了个农家乐饭庄。

我问朋友,生意如何,朋友一脸坏笑说:生意好得很啊!原先我们乡下拿来喂猪吃的南瓜藤之类的"猪食",都拿来喂你们这些城里人了,你们城里人还美滋滋地说,从来没吃过这么好吃这么鲜嫩这么有田园气息的绿色无公害食品。

286

台州人结婚,喜欢到市政府门前绕上一圈,谓之"采喜"。碰到特别吉祥的大日子,半天时间,就有几十支婚礼车队到市政府门前"采喜"。有时,驶入广场的婚车多达数百辆,造成交通堵塞。

287

说到婚车,台州人的婚车是相当牛的。婚车通常由豪车组成,什么奥迪车队、宝马车队、奔驰车队、凯迪拉克车队、保时捷车队等,一到宜结婚的黄道吉日,中心大道和市府大道就会驶来一队队的婚车方阵,加长奔驰、法拉利、兰博基尼全在其中,外地人搞不清,还以为是在搞车展。

某台州土豪娶媳,劳斯莱斯是主婚车,一溜十几辆劳斯莱斯牛气冲天地开上街,这还不算,还有近 40 辆宾利依次跟随着,这排场,让人叹为观止。

288

台州人结婚,一般来说,男方要提供一套房子,女方要提供一辆车子。装修房子的费用,也是归男方出的,家具电器嘛,则是女方掏钱。

房子嘛,怎么得也要 100 平方米以上,台州的人均住房面积排在全国前列。台州人眼孔大,他们把 80 平方米以下的房子,基本上当成"单身公寓"。

289

台州人嫁囡,少不得陪嫁一辆好车,有钱人嫁女儿,陪嫁的是奔驰宝马奥迪之类。汽车大佬李书福嫁囡,一溜婚车用的是自产的吉利和沃尔沃,不过陪嫁的车子就不是吉利车了,而是价值 400 万的阿斯顿·马丁。

就算父母是工薪阶层的,也会咬牙给女儿买上一辆好车,有个公务员开上了老婆陪嫁过来的奥迪 Q5,但越是好车,养车的费用越高,一个月的养车费用快赶上他的工资了,他感慨地对老婆说,你爸妈要是不买名车,拿现金存折给你当陪嫁就好了。

290

　　台州人的结婚喜帖也是花样百出的。有人印上自己的婚纱照,有人把结婚喜帖设计成山寨飞机票,机票上不但写有"航班班次:爱情1314。登机口:某某大酒店。目的地:幸福"等字样,更有和飞机一样的常规签到时间等信息,座位也很"牛",均是 VIP 头等舱,不仔细看,还真以为是张飞机票。

291

　　台州人送红包,出手都很大方。比如台州婚礼送的红包,亲朋好友的红包一般都是千元左右,直接包个三四千元的大红包也不在少数。可以这么说吧,台州人结婚,送礼的"起步价"一般是 1080 元。

　　这个起步价呢,也就是行情价,当然根据亲疏程度,可以递增或递减,比如铁哥们铁姐们,还有那些至爱亲朋,红包一般在 1888 元至5888 元之间浮动。但是,不管多少,尾数不能有 4,也不能是单数。

　　因为收的礼金数额太大了,有的新人还用上了点钞机。一来点钞方便,二来也怕收到假钞。

292

　　前几年台州人办婚礼,没有不收礼金的。不知从什么时候起,台州人办婚礼,不收礼金了,请帖上直接写着"免礼"二字,你只要带上一张嘴去就是了。

空着手去,还能拿回一大堆东西,分量还不轻,有喜糖、成双的鸡蛋或皮蛋,还有果冻、牛肉干、巧克力,有时还有西洋参什么的。有一次,我还拎回一袋红糖馒头。

293

台州婚礼的喜袋里,除了喜糖,还放两个皮蛋。原先,台州人的喜袋里放的是红鸡蛋,台州人把鸡蛋叫"鸡子",寓意是早生贵子。早先的红鸡蛋是烧熟后染色的,染过色的鸡蛋,一是容易坏掉,二是吃时会两手通红。

现在,台州人把放红鸡蛋改良成放皮蛋了。

老祖宗传下的风俗,台州人是不会变的。顶多,也就改良一下。

294

平日再怎么节省,办婚礼是不能省的。城里人总是扎堆在当地最高星级的酒店办婚礼,而乡下很多地方,流水席一摆就是三天。台州像样点的酒店,婚宴酒席,至少半年前就要开订,否则根本订不到。

295

台州女子结婚,白婚纱要穿,红婚纱更要穿。

穿红婚纱,意思是红红火火出门,过红红火火的日子。

296

反正，照台州人的说法，领了结婚证但是没办过酒席、没有广宴过宾客的，就算不得得了婚。

就算办了集体婚礼也不作数的。台州人参加了集体婚礼后，还是要大宴宾客一次的。

297

台州的各级组织相当关心年轻人的结婚大事，为了体现婚事新办，组织出面为新人们操办了多场集体婚礼。最多的那次，有一百对新人在市政大厅举办婚礼，市领导参加并当了证婚人。

集体婚礼办归办，不集体的婚礼还得办——台州的新人们参加了集体婚礼露过脸后，回去后照样办自己的婚礼，婚宴一桌都不少，有的还比原计划多了几桌，因为办了一场集体婚礼后，又认识了一些新朋友。

298

台州人嫁囡都要陪嫁几床被子，这被子是要女人手工缝制的。不是谁都有资格来缝被子的，帮忙缝制被子的女人必须具备这三样条件：一是夫妻双方父母要健全，二是要生的是儿子，三是夫妻要和睦。新人家的长辈认为这样的女人才会给新人带来福气。

299

台州的新郎喜欢在婚宴上找哥们代自己喝酒,俗称"酒袋""酒保"。这些"酒袋"与"酒保",几十杯酒也不是白喝的。一场婚宴喝下来,喝得两眼血红,走路东倒西歪,新郎会塞给他十几包中华烟,算是酬劳。

当然,也有义务劳动、高风亮节、分文不取的"酒袋""酒保"。

300

某次婚宴中,有一位宾客发现酒桌上自己的名字"大顺"被写成了"犬顺",大怒,结果引发一场争端,最后争端变成斗殴,其中新郎的一位客人被打成蝶骨骨折,嘴唇缝了七针,险些被打成兔子的三瓣嘴。

301

台州南边的人,礼数上特别周全,套路特别多。过去,小宝宝长到四个月左右就要开荤,如果家有女宝宝,会准备透骨新鲜的鲳鱼。之所以吃鲳鱼,是因为鲳鱼嘴小,家长希望吃了鲳鱼的女娃,长大后有一张漂亮的樱桃小嘴。而男宝宝要吃小黄鱼或梅童鱼,因为这两种鱼头大嘴阔,家长希望自家的男娃长大后大头大面,嘴大吃四方。

等到宝宝过周岁时,外婆要送全套的饰品,过去送银的,现在要送金的,金项链、金手镯、金脚链之类。

台州有意思

302

外地人谈起台州,总是说:你们这里有钱人多,庙也很多,无论是乡村还是城市,到处可见庙宇,走在大街上,冷不丁前面就是一座庙。

还真是这样的,台州的城里乡下,随处可见寺庙,很多小山头上,还有宝塔镇守;土豪的办公室里,供着金光闪闪的菩萨;机器轰鸣的车间里,挂着佛龛。

303

台州大大小小的老板,是一群既拼命,又忍不住信命的人。

台州人干什么都喜欢挑日子,台州话称之为"拣时辰"。碰到开业、搬迁之类,老板定会请风水大师选择良辰吉时。一般人家,拔栋梁、结婚、搬家,要拣个黄道吉日,连出殡、火化也要选时辰。有人生娃,也会拣个好时辰剖腹产。搬家,选好时辰在黑咕隆咚天不亮时搬,搞得搬家跟做贼似的。

有个台州人在高速公路上开无牌车被查,交警抓到他,问他为何有牌不挂,他理直气壮地说,我这辆是新车,要选个黄道吉日挂牌,今天就不是悬挂车牌的黄道吉日。

304

台州的生意人比谁都相信风水。有一个生意人,自己做生意不顺,怪罪于祖坟位置没选好,执意要迁坟。

305

台州人拣日子、掐算黄道吉日还不够,一些老板如果觉得这几年走了霉运,会在过年时请个"猪头"来拜拜,为的是"驱邪",或者把公司大门改个方向,以图转运。前些年,一到初八上班日,台州城里城外鞭炮震天响,叫"开门炮"。街道上弥漫着经久不散的"硝烟",就像经历过一场战争,地上残红一片,那是各单位放开门炮后残留的。

306

早年,台州的很多村子里,修建得最富丽堂皇的,不是村委会办公楼,不是老人活动中心,而是庙宇和宗族祠堂。这些气势不凡的庙宇,台州人称之为"老爷殿",殿中供奉着几尊"老爷",如关公、胡公大帝等,这些"老爷"和"老爷殿",是很多土著台州人的精神寄托和信仰所在。

这几年,台州讲文化,在乡村大建文化礼堂,文化礼堂比这些"老爷殿"气派多了,人气也旺多了。

307

买了新车,很多人都会在车里放个平安符或是佛像,系根红丝带,或是贴个壁虎(谐音避祸)车贴。这都不算什么,有个台州土豪买了辆路虎新车,提车回家前,先请了几位大师给新车开光!

一个朋友对此调侃道:与相爱的人厮守,需要一个结婚仪式。同理,与爱车相伴,不妨来个开光仪式。开光,会让被珍视的爱车更上一个"层面"。通过开光,车主隆重而庄严地表达着对自身和他人生命的敬畏,并为此获得最大限度的驾驭底气,从而保证在今后的驾驶生涯中,一帆风顺。

308

台州有些富二代,很喜欢玩机车。这些原装进口的摩托车,少则十来万,多则上百万一台。夜深人静时,你如果听到窗外传来一阵阵摩托车的轰鸣声,十有八九是富二代在集体飙车。他们还喜欢开跑车,一上海人来台州学习,他听说台州有钱人很多,跑车很多,半夜三更,听得马路上响起跑车的轰鸣声,开窗探头,果然见几辆保时捷从窗前一溜烟飞驰而过。

他不由感叹:此地果然钱多,车好,人生猛!

309

城市的色彩代表着一座城市的性格,专家们经过三年的反复论证,终于选定明亮的黄色系为台州市区的主色彩。

所以,有人把台州戏称为黄色之城。

310

台州的一些村子很有钱,村民的日子过得比城里人舒服多了,小孩子一出生就能分红,七老八十的人花一元钱就可以住老人公寓。台州有个村,集体出资两亿元建造了三幢豪华老年公寓。公寓落成后,还请来小百花剧团,连演三天。城里人眼红死了。

311

台州的农村户口,含金量挺高的。台州的一些大学生,包括名牌大学的毕业生,当年考上大学跳出"农门",喜气洋洋地把户口迁出去,现在大学毕业了,又想尽办法要求办回"非转农"手续,想重新跳进"农门"。

在台州不少地方,当个农民挺实惠的,可以分到宅基地(一块位置稍好的宅基地,就值几万元甚至几十万元,土地如被政府征用,还能得到一笔不菲的补偿金和置换的房子)。有些富裕的村子,还为村民上养老保险、医疗保险,每个月村民还能拿到几百元的最低生活保障费,年底还有数千到数万元不等的分红。

312

台州的麻将桌不仅是麻将桌,有时还是信息场、谈判桌。谈笑间,樯橹灰飞烟灭。一圈麻将搓下来,没准一笔大生意就谈成了。

台州人的麻将桌也是生意桌

313

台州各大宾馆,过年时客房的入住率都很高,住的好多是本地人。台州的男男女女过年喜欢到宾馆包间房。不是因为没地方住,也不是要搞婚外恋,而是为了让七大姑八大姨等各路亲朋好友凑在一起,能够自由自在地、无拘无束地、热火朝天地搓麻将、打扑克。

314

春节是打麻将的高峰期,很多台州人在麻将声声中过完一个快乐的春节,男女老幼全家齐上阵。有一位粗心的妈妈,春节时忙着打麻将,宝宝一哭闹,顺手拿起桌子上的一小杯"凉水",倒入奶瓶中泡奶粉,用手摸摸感觉温度差不多后,就喂给宝宝吃。

没想到,这"凉水"是白酒,结果五个月大的婴儿醉得小脸通红,急送医院,成了该医院治疗史上最小的醉酒者。

315

去台州中心医院看病,等待配药时,东看西瞅,打发时间,正在看墙上的"恩泽集团专家门诊轮流坐诊时间表"。

边上一男人,戴着老粗的一条金项链,边打哈欠,边对着墙壁念念有词:恩泽集团专家门诊轮流坐庄时间表。

敢情他把"轮流坐诊"看成了"轮流坐庄",估计搓了一晚麻将还没清醒过来。

316

除了扑克、麻将,台州人最喜欢的休闲方式就是跳舞。三十多年前,临海的东湖球场兴起了跳舞热,那些中年男女每天早上到东湖球场跳交谊舞,搂着抱着,跳着跳着,难免就有舞伴跳出了感情,据说东湖球场的交谊舞,拆散过临海的十几对夫妻。

如今交谊舞不时兴了,时兴的是排舞。台州大大小小的广场,每天晚上,当《我被青春撞了一下腰》之类的曲子响起,就能见到几百对男女在那里气势昂扬地跳排舞。

跳排舞的以中老年人,尤以更年期的男女居多,故排舞又被台州人称为"更年舞"。

317

台州有些土豪迷上钓鱼后,在湖塘钓钓觉得不过瘾,特意买了船,去很远的地方海钓,土豪毕竟是土豪啊。

也有些土豪,坐飞机去国外海钓,从太平洋一直钓到印度洋。

318

剧团在民间很吃得开,台州人尤其喜欢越剧,戏演得好,观众会往台上扔东西,以示犒赏。我朋友带着剧团下乡演出,一场戏演下来,共收到观众扔上来的加多宝89罐,甘蔗40多根。

我建议他开个超市。

319

台州人接受新事物是很快的。台州的淘宝村数量名列全国第三，温岭淘宝村数量仅次于义乌。"家在台州，购遍全球"真不是吹的。

320

台州图书馆门口有一座总高 2.6 米的老子青铜雕像，老子是图书馆业的祖师爷，雕像中的他双手执简，目视远方。

台州的大妈在市民广场跳排舞，远远地看到这尊铜像，不知道这老人家是谁，纳闷地问："格老倌是介银？"（台州方言"这老头是谁"）

一个有点文化的小青年接腔道："是老子。"

大妈生气了，教训小青年说，小伙子，你年纪轻轻，说话要文明点，不要动不动"老子老子"的。

台州图书馆门口的老子

321

台州的文化长廊有"唐诗之路"系列石雕群,雕的是李白、杜甫、白居易等大诗人,石碑上刻着与台州相关的诗人作品。为了表示古色古香,特地用上了繁体字,结果"天台"刻成"天臺","台州"刻成"臺州"。

搞雕塑的人没闹明白,作为地名的"天台""台州"的"台"字,古已有之,并无其对应的繁体字,后来他们把"臺"全凿了,重新凿了"台"字。

322

台州人实在,无论温岭的长屿硐天、三门的蛇蟠岛还是天台后岸,都有开凿石板后留下的洞窟,台州人老老实实说是石板仓。而看上去也实在的衢州人,竟然把龙游石窟吹成"世界第九大奇迹"。这个蒙别人可以,蒙台州人是蒙不住的。台州的明眼人一看就知道,所谓的"世界第九大奇迹",其实是一个废弃了的采石场。这样的"世界第九大奇迹",在台州有很多。

323

我喜欢工艺品,只要出差在外,总要买几个回家。结果发现,买回的,好多都是台州产的。

有一次在美国逛店,看中一个可爱的小鸟艺术品,万里迢迢带回来,放在家中显眼处。没想到,朋友到我家玩,一口就说:台州货,这是我亲戚厂里生产的。

324

每次台州搞车展,顶级的豪车总在第一时间被订走。弄得主办方扛不住了,只好让客户先交钱,车展后再发车,否则一溜好车都没了,还搞什么车展呀。

325

出殡时奏哀乐全国皆然,但是台州的乐队,有时吹得实在太离谱。我见过的最离谱的一次出殡,是孝子贤孙哭哭啼啼地送别老母,吹鼓手却吹着"好花不常开,好景不常在",劝悲伤的鳏夫及时行乐。

还有一回,一位老人仙逝,孝子贤孙请来乐队吹了一天,乐曲都吹遍了,大概再找不出什么可吹的,最后竟然吹起《今天是个好日子》,气得丧家拒付费用。

不过,最近一段时间,与时俱进的台州人办丧事,改吹《走进新时代》了。

326

台州人把送葬说成"送上山"。有外地朋友初到台州,车子开到城乡接合部时,刚好有一支出殡的队伍经过,孝子贤孙们披麻戴孝,正把自己故去的亲人"送上山",纸钱飞撒,呜咽声四起,吹鼓手十分卖力地一遍遍地吹奏着杨钰莹的情歌——"因为明天我将成为别人的新娘,让我最后一次想你"。该朋友以为死者因情而死,仔细一看,不对,孝子贤孙抱着的遗像,是一个干巴精瘦的老人家。

他十分不解地问我,为什么老人离去了,吹鼓手不奏悲伤的哀乐,奏的却是甜腻腻、八竿子打不着的情歌?

将已故亲人"送上山"时,奏的却是甜腻腻的情歌

327

也许台州人把死看得很淡,也许台州人要的只是一种仪式感,所以,送终时放情歌放哀乐甚至放周杰伦的说唱"快使用双截棍!哼哼哈兮!"都是一样的效果,图的就是让亲人热热闹闹地走。

说实话,我在台州生活了这么多年,也没搞清楚台州人如此行事到底藏着什么玄机。后来总算想明白了,古代庄子有"鼓盆而歌",台州人出殡时吹弹些喜歌,或许也是为了让逝者放心地离去。

328

Trussardi(楚萨迪)，这个驰名国际的意大利服装品牌发布会在台州举行——作为台州首场真正意义上的服装秀，这个秀与它在意大利米兰发布会的规格完全同等。主办方破天荒地在请柬上写明着装要求：男士要正装入场，女士要穿晚礼服。此前，在台州举办过的所有秀都没有此等"非分要求"，台州人从来都是穿便装入场的。

329

都说"山哈人"爱较真，爱认死理，这话还真不是随便说说的。这些年，跑北京上访、"告御状"的，天台人最多，其次是仙居人，路桥人最少。

前两者就是"山哈人"。路桥人不爱上访，估计是生意忙不过来，没那闲工夫。是啊，赚钱都来不及，还上什么访啊。

330

法国著名导演吕克·贝松执导过一部影片《疯狂出租车》，片中的出租车司机是快车高手，快到甚至可以甩掉测速仪的追踪。

"掏出租车的钱，能享受到坐飞机的速度。"这话可不仅仅是电影里的台词。法国人所谓的疯狂出租车，在台州，根本算不了什么。台州的出租车司机，那真叫一个生猛，他们在车流中见缝插针、腾转挪移的水平，让人叹为观止。

331

台州是座金矿,近年来国内好多歌坛的一线歌星都到此地淘过金,刘德华、李玟、陈慧琳、费翔、韩红、刘欢、那英、田震、孙楠、孙悦、斯琴格日乐、毛阿敏、宋祖英……有一年,某位当红歌星到台州演出,结果误了班机,赶不上中央电视台的直播晚会,惹火了央视,曝光率马上低了好多。

332

台州人一般不会向人家白拿什么东西,觉得丢分儿,唯独在文化消费上,台州人是"讨"字当头。朋友是作家,出了本书,讨本看看。朋友是画家,新房装修好了,讨张画挂挂。要是有大型的文艺会演,那讨票的电话更是不绝。要是对方答应得稍微迟疑些,就不高兴:这小刁,一点面子也不讲! 为了讨张票,有时会拐上四五个弯,各种转折都用上。

台州人觉得只有白看才是身份的象征,要是买票,那就没面子了。能白拿到票,并且能白拿到好票,在台州人看来,是倍有面子的事。

333

台州人连老婆也是"讨"来的——台州人把娶老婆说成讨老婆。

台州有意思

334

台州有两次被撤销地区建制,第一次是 1954 年,第二次是 1958 年。撤销后的台州下属县级单位一分为二,一部分划给了宁波,一部分划给了温州。

提起这段历史,大部分台州人都觉得很受刺激。当然,也有没心没肺的台州人说,把台州划给宁波、温州不是挺好的吗?划给宁波,我们就是副省级的了,级别上去了;划给温州,我们的名声就更响了。

335

台州有不少"炒客"。这些"炒客"说,单位发的那点死工资刚好塞牙缝,要过上好日子,必须得弄点东西炒炒。

于是,他们炒房,炒铺子,炒股票,炒期货,炒黄金,炒钢铁,炒大蒜,什么来钱炒什么。

336

台州过年的鞭炮是从春节前的"谢年"开始放的。台州的"谢年"又称送年,"谢年"没有固定的日子,早的话从腊月十八那天就开始了。于是,城里城外便开始响起鞭炮声,且常常炸响在午夜时分。

从"谢年"起,台州人就别想睡上安稳觉了,半夜被鞭炮声吵醒的台州人恨声道:格些高炮鬼(台州方言,该枪毙的人)!

台州人从"谢年"起就开始放炮,而且往往炸响在午夜时分

337

台州人过春节,这几个时间段鞭炮放得最响:一是过小年;二是除夕夜的关门炮;三是正月初一的开门炮;四是初八那天的"闹上八";五是正月十四的元宵节。

除了过年,别的日子台州是禁放鞭炮的,白纸黑字写得明明白白——农历正月十六至农历十二月十五,椒江、黄岩、路桥三区的建成区以及台州经济开发区限制燃放烟花爆竹,包括红白喜事、乔迁开业等活动。

338

一到过年,台州大大小小的洗浴中心忙煞了。平常桑拿房里最多也就十来号人,一到春节,就会挤上三四十号人。一家人,或者一帮朋友,男的一群,女的一群,在这里泡完澡,泡得皮肉松弛,满面红光,然后心满意足地出去胡吃海喝。喝完,吃完,开始砌长城、打扑克。

台州人过年,着实快活。

339

新的一年要从"头"开始。讲噱头的台州人,过年前总要把自己拾掇得干干净净,台州大大小小的理发店,过年时生意旺得跟菜市场一样。过年前的这段日子,台州大一些的理发店,一天要接待三四百个顾客,一个春节长假,像样点的理发店,至少能进账一二十万。

340

台州人喜欢调侃市政府大楼的造型。临海市早年因为"卖掉市政府"在省里名头很响——老百姓都是这么说的,实际上,卖掉的不是市政府,而是市政府大楼所在的 23 亩土地的使用权,这些土地以每亩100 万元的价格,卖给了临海籍的香港商人詹耀良。詹耀良在此修建了耀达商场,这是当时台州第一家大型的购物商场。在这之前,台州从来没有这么大、这么洋兮兮的商场,都是国有的百货公司。

开业那天,几千名市民像潮水一样涌入商场,售货员没见过这架势,惊呆了。

用这笔钱,临海市政府在大老鹰外的地方又修建了一栋办公大楼,大楼的造型,用临海人调侃的说法就是,"削尖脑袋往上爬"。

而温岭市政府的造型，就像一顶方方正正的官帽。我之前也没注意，温岭朋友这么一说，再一看，有点像哎。

341

一些台州土豪，26 个英文字母拆开都认得，组合起来嘛，一个都不认得。但是奢侈品牌，无论英文单词有几个，他们全都认得出，而且读音非常准。

342

一个台州土豪愤愤不平道，台州人有钱，但是为什么奢侈品店在台州开得那么少？除了 Gucci、Dior 等知名奢侈品牌店，别的很少见到。

我告诉他，国际奢侈品牌一向喜欢端着个身价，它们不会轻易入驻三四线城市的，奢侈品牌入驻之前，要看一个城市的消费水平、商业环境、城市气质，甚至还要打量一个城市市民的着装打扮和气质形象。

该土豪更气愤了，他说，这是地或歧视！

他把"地域"说成"地或"了。

343

Vertu 手机是一款高档奢华的手机，价格从几万到几十万不等，售价高昂。日本有钱人不在少数，不过 Vertu 手机在日本卖得并不好，最后连旗舰店都关闭了。

但 Vertu 手机在台州卖得很好，台州有 Vertu 手机专卖店，台州的有钱人看到这款手机，眼都不眨，刷卡就买。倒不是觉得这款手机有多精美，而是抱着"只买贵的，不买对的"的心理。这个专柜有个顶尖的 Vertu 手机，价格 70 万，也给台州土豪买走了。

344

杭州大厦奢侈品专柜前，一个老板模样的人，用台州口音的普通话大声说："给我打包！皮包、皮带、衬衫、外套、手表、打火机，我全要了。"

台州的有钱人老是抱怨，台州的奢侈品店开得不够多，买起奢侈品来不够痛快，买点像样的奢侈品还得往杭州、上海跑。

345

一个台州老板，住在北京饭店。第二天早上，他去餐厅吃早餐，发现北京饭店 1200 元一晚的房费里，竟然不包含早餐消费。他问服务员，早餐多少钱？服务员说，184 元。

他觉得北京饭店太能宰人了，早餐这么贵。他跑到附近的麦当劳花十几元钱吃了早餐，打着饱嗝出门办事去了。

他是老板，一年净赚几百万，不是吃不起，而是觉得不值。

他得意地跟我说，我们台州人，才不会随随便便给人家当猪杀（台州方言，指被人宰客）呢。

346

台州人大方起来很大方,会算计起来也很会算计的。

一群台州人跑到法国旅游,法国的公厕是要收费的,有时收 0.5 欧元,有时要收 1 欧元。台州人觉得撒泡尿撒掉七八元人民币太不划算了,都使劲憋着,憋到麦当劳上免费厕所。

此前他们刚从巴黎最大的卡地亚旗舰店出来,人人买了一块卡地亚的名表,买名表时他们一掷千金,一点也没觉得贵。

有位土豪在麦当劳上完洗手间出来,开玩笑说,我买这一块卡地亚名表花了 5000 多欧元,在法国,如果拉 5000 泡尿,就要收我 5000 欧元,岂不把一块名表拉没了?

347

台州某房产商推介新楼盘,请来了香港影星赵雅芝。赵雅芝演过冯程程、白娘子等角色,美貌贤淑,是众男子的梦中情人。赵雅芝虽徐娘全老,但风韵犹存。

明星的号召力果然不一般,楼盘推介会成了明星见面会。除了一干意向客户外,还来了许多赵雅芝的粉丝,男女老少都有。到最后,容纳五百人的会场,一下子涌进了近千人。其中有不少城中村的农民,因为新楼盘所在地刚好在城中村。这些农民粉丝为了看心中的偶像,抢占了有利地形,还把写有名字牌的领导宝座都占了,把台上的主持人看傻眼了。

有个女记者跟我说起此事,说,没想到,赵雅芝还是咱台州农民的梦中情人。我说,就许你有梦中情人,不许咱台州的农民伯伯有梦中情人啊?咱富裕起来的台州农民,他们的梦中情人也是高大上的。

348

台州人的称呼有点夸张,比如,椒江是"小上海",三门是"东方的圣地亚哥",温岭的石塘是"中国的巴黎圣母院",黄岩的宁溪糟烧则是本土"茅台",黄岩古时有个蔡缸爿,则被称为"台州的阿凡提"。

349

我观察过了,大白天的,在台州的咖啡厅、茶室谈生意的人,一点不比谈情说爱的人少。

350

台州人说的粗话里,有不同的意思,并不全是骂人,语境不同,意思就不同。比如有台州特色的粗话"我×""死×""烂×""×泡儿"之类,在短兵相接时,它作骂人用,在麻将桌上、扑克桌前,它却成了语气助词,表示喜欢、惊叹等意思。

351

台州的企业,不像温州的企业,喜欢找周华健、刘嘉玲、张柏芝这些港台明星当形象代言人。台州企业要找的形象代言人,也是剑走偏锋的。那一年,西安宝马假彩票案震惊全国,西安愣小伙刘亮一举成名,台州的一家民企找来了刘亮,以每年两万多元的代言费,请刘亮担任它的形象大使和名誉员工。

结果这个西安愣娃不争气,来台州才两个多月,就因为涉嫌嫖娼还遭到抢劫,再度成为媒体关注的焦点。当然,代言一事也就不了了之了。

352

因为撤地设市,城市扩建,原先的农民成了新市民。《推动力》的作者、《瞭望》杂志原总编陈大斌说过:台州的新市民群体中,"不少人几乎是刚刚放下锄头,还带着一身稻米的清香就变成了市民"。这话说得一点也没错。

这些新市民不改农民本色,在高档小区的花坛、行道树旁甚至公园里,都辟出自留地,见缝插针种了菜。有芥菜焉,青菜焉,油菜焉,蚕豆焉,大蒜焉,小葱焉。有些土豪的别墅有游泳池,游泳池里堆放着刚收来的青菜,看上去像是个露天菜窖。为了让菜苗茁壮成长,他们还在私家菜园施起"农家肥",俨然把这里当成了都市农庄。

现在,台州撤地设市二十多年了,新市民成老市民了,很少有人在小区里种菜了。

353

前些年,中法友好协会会长、中国前驻法大使吴建民先生来台州,入住山寨"雷迪森大酒店"。等电梯时,见一猛男光膀赤膊,趿拉着拖鞋,吴先生忍不住,问他:为何在大庭广众之下光膀?

该台州男子乜斜了吴先生一眼,反问:"北京来的?"

吴先生点头。男子洒脱地说:"你们北京办奥运,要讲文明,我们台州乡下的,就这素质。"

听到这么坦率的言论,吴建民不知如何回答是好。

酒店里为拦住这些村民"赤膊党",要费不少唾沫星子,这几年,酒店里的赤膊党见不到了,村民也知道,衣冠不整是不能进酒店的,从村民变成市民,就得习惯这些条条框框的约束。

354

说说台州的公交车司机。早些年,台州的一些公交车司机,是从附近村里招进来的。不知为什么,火气特别大,在闹市乱按喇叭是常态。明明写着"前门上车,后门下车",司机前门不开不说,有顾客从前门上车,见前门不开,改走后门,司机嫌人家上车速度慢,还会用土话大声嚷嚷:"眼睛不看的,后面门开着,你不上,还偏要走前门!"一个农村阿婆坐错了车,司机让她下车,用土话吓唬道:"再不下车,就送你到火葬场。"

不但司机牛,售票员也牛,如果乘客下车时动作慢了一拍,女售票员会怒气冲冲地用土话训斥他:"晓得要下车了,就早点下!"那些中巴车的女售票员,在冷天时还会穿着家里的厚棉睡衣售票。

这几年,经过整顿教育,台州公交车司机的素质提高了很多,见了老人不再叫"老牌位"什么的,知道耐心等老人上车,在闹市也不再按喇叭了,售票员也不会穿着棉睡衣售票了。

作为中国最年轻的城市之一,一座城市的文明程度,就是这样一点一点提升起来的。

我见证了一座城市的成长和变化。

355

台州摘得"首届中国十大最具幸福感城市"的桂冠,颁奖晚会在杭州开。颁奖辞是组委会委托我写的:"台州,股份制经济的发祥地,千年曙光的首照地。借得一缕阳光,赢得满城灿烂。山的雄浑,海的开阔,造就了这座充满幸福感的城市。"

其实还有另外一句:唐诗之路,佛宗道源,侠义风骨自古存。因为字数的关系,这句话被删了,让我有点不甘心。

比我更不甘心的是天台人,几个天台人冲我嚷嚷道:没有天台山的"唐诗之路,佛宗道源",哪显得出大台州的人文底蕴啊。

356

谁说台州男人不浪漫,三八节,有个情种为了表达对老婆的爱意,赋诗一首,投给当地的晚报,叫作《老婆是什么》:"老婆是白天的牵挂;老婆是夜晚的思念;老婆是自己身上的一根肋骨;老婆是前辈子的积德行善;老婆是离别时的恋恋不舍;老婆是电话中重复的问候——百听不厌;老婆如船只迷航时看到的灯塔;老婆如港湾,不管你航行得多远，那永远是你要回的家。老婆，我永远爱你！"

台州男人会写出此等肉麻的诗，真的很不容易。尤其是这一句，"老婆是前辈子的积德行善"，照此理解，台州男人如果讨不到老婆，或者讨到的不是好老婆，估计上辈子"积德行善"没做好。

357

愚人节千万别跟实心眼的台州人开玩笑啊。愚人节前，出现这样一条捉弄人的手机短信，说近日手机出现病毒，有可能发生爆炸，请接到短信的人赶紧把电池板卸下扔进水里云云。

台州一老农刚用上儿子淘汰的手机没多久，接到这短信，信以为真，赶紧把电池板卸下，扔进水里，然后躲到一边，捂着耳朵，静候爆炸声响起。

358

中国最早的小商品市场出现在台州，路桥是中国专业市场最密集的地方。二十多年前，浙江最火的市场就是路桥小商品市场，那时各路领导但凡要考察市场，必到路桥来，连义乌都过来学路桥。

路桥有近百个专业市场，中国日用品商城、小商品批发市场、浙东南副食品市场、中国建筑装饰城、路桥机电五金城、台州电子数码城、家具城、汽车城等，生意旺得不得了，别看有些摊位卖些针头线脑、螺帽螺栓之类不起眼的东西，这样的摊位，一年租金就要 80 万元，一个四五平方米的摊位，竟然可以卖到四五百万元。

359

甬台温高速没开通前，从台州到上海，要坐十来个小时的长途汽车，而且走绕来绕去的盘山公路。水路倒是有的，那时从椒江到上海，有两条对开的轮船，不过行程更慢，大概要十八个小时。

360

新千年的时候，上三线通车，台州到杭州的时间，一下子从八九个小时缩短到三小时。台州人说，这一通车，杭州不再是遥远的省城，而是台州人民的后花园了。

361

到台州一些景点去，经常看到一些地方领导的墨宝。某大佬在某地当政多年，别说景点，甚至连寺庙、收费站都有他的书法，后来该领导出事坐牢了，为要不要铲除他的字这个问题，当地老百姓分成两派，争论了好长时间。

362

在各种艺术门类中，摄影是最容易入门的。书法要有童子功，写文章太费神，不如拍照入门快。近几年，台州劲吹摄影风，随着台州摄影军团在省展国展中频频拿奖，台州的摄影师队伍越来越壮大，台州大大小小的老板,也纷纷加入摄影方阵。

这些财大气粗的土豪摄影发烧友认为,热爱艺术就要从更新装备开始,舍不得孩子套不着狼,没有好机子,拍不出好片子。他们在买设备上相当舍得花钱。

有一个土豪,是某民企的董事长,他的全套摄影器材就值两三百万元。嘿,他哪里是摄影发烧友,依我看,简直就是摄影发癫友。

363

一个台州土豪喜欢上了摄影。他到上海谈生意,事情办完了,逛到摄影器材店,看到一部莱卡 S2,让售货员拿来看看。售货员瞟了他一眼说,这个相机很贵的,只能远看。

土豪火了,问,多少钱?售货员说,18 万元。

土豪轻蔑一笑,说,才 18 万元,我还以为 180 万元呢。刷卡,我要了!

364

这几年,出国游玩的台州人越来越多,他们说,国外风光好是好,就是西餐吃不惯,喝水更是喝不惯,哪有不烧热水喝自来水的道理呢?

吃不惯西餐咋办?台州人自有办法,出门带上榨菜、紫菜、炊皮之类,有时还会带上虾干、鱼片、虾蛄干之类,嘴馋、思乡或者吃多了西餐,嘴巴淡出青苔时,就弄点海鲜干嚼嚼。

喝不惯冷水呢,那就带上电热水壶。还有些人不管走到哪里,都像个老干部似的，带上保温杯，里面泡点西洋参、铁皮枫斗晶、乌药之类，时不时地喝上一口，给自己补补。

365

台州人是很热情的，见到熟人知己，大老远就会深情地呼唤起来，叫的是他的小名、昵称或者外号，比如老某、阿勇或小圆眼之类。有时还有更生猛的打招呼方式。一台州爷们骑电瓶车去单位上班，发现前方自行车后座上的侧影很熟悉，很像两年前要好的女同事。他一阵惊喜，加大油门追上前去，侧脸一看，果然是老同事！

这位仁兄激动坏了，右手猛地一拍女同事的肩膀，一边口里热络地喊着女同事的名字。谁知道，该仁兄热情过头，把没有防备的女同事吓得从自行车上摔了下来，当场摔得右臂骨折。

366

啥叫台州话呢？反正从台州人口中讲出来的就是台州话。临海人觉得自己说的话最能代表台州话，千年台州府嘛。

椒江人觉得临海人不识时务，老是拿出"我们先前也阔过"的架势。台州府老早搬到椒江了，"衙门"在哪里，哪里的话就是台州话，台州话的代表应该是椒江话。

台州电视台《阿福讲白搭》节目火了，阿福讲一口正宗的黄岩话。黄岩人得意地说，黄岩话就是顶正宗的台州话。

不过，台州北三县的人，对此愤愤然，说阿福讲的"啊些"话，听都听不懂。

究竟台州何地的方言才算是最正宗的台州官话呢？到目前为止还没一个定论。

367

电视台的朋友自豪地说，台州文盲半文盲的中老年农村妇女，她们的精神偶像兼梦中情人是台州方言节目《阿福讲白搭》的主持人阿福。

我觉得这是好事。这证明，进入 21 世纪后，在台州广大农村，农妇们有了精神追求，这也是近年来台州精神文明建设的一个重大成果。

368

城市化以后，一些城中村纳入拆迁范围，这样天落馅饼的大好事，谁碰到谁高兴。椒江某个村子拆迁，拿到钱后的这些村民，高兴坏了，纷纷跑去娱乐场所快活。那一段时间，椒江的娱乐场所都是爆满的。

而天台人，一拿到拆迁款，附近的银行，存款量就会嗖嗖上升。

369

台州是个组合式城市。但是在撤地设市的头几年，黄岩、椒江、路桥三区之间的通行竟然是要收费的。

当然，后来这个收费取消了。

370

你只要跟团旅游,台州大大小小的旅行社给你的行程安排表上,最后一句铁定是:某月某日,回到台州温馨的家。

371

台州人很喜欢采摘游。夏至杨梅满山红的时候,台州人结伴去采摘杨梅,享受着采摘的乐趣。结果,乐极生悲,每年都有二三十人因为采摘杨梅摔伤,摔断根把肋骨脊椎骨不说,有一个小伙子,从杨梅树上跌下来,还摔伤了命根子。相当悲催啊。

摔归摔,但第二年的采摘杨梅还是要去的。台州人说了:吃饭都有噎死的,难道我们就不吃饭了?

除了摘杨梅,还有采摘枇杷、采摘橘子、采摘文旦等,从夏到秋,台州人兴致勃勃,乐此不疲,采完一种水果又去采另一种。

372

一到夏天,夜市、大排档的生意就红火起来,喜欢夜生活的台州人常常去喝啤酒、炒鲜螺吃。鲜螺中有一种是织纹螺,味美有毒,食后有时会出现头晕、呕吐、口唇及手指麻木等症状。

尽管年年夏天,卫生部门都通过媒体呼吁台州的贪吃鹜(台州方言,吃货)们勿食织纹螺,但个别不怕死的台州人还是照食不误。

台州人才不怕吃了织纹螺中毒呢,贪吃鹜们自己评估过风险指数了:吃织纹螺中毒,这个"中奖概率"比中彩票低。既然彩票中不到,中毒也轮不到咱。如果轮到了,那运气好得也可以买彩票了。

373

朋友请客,上来一大碗面,朋友先盛了一碗给我,说,台州人的人生有三大喜,问我知道否。

我说,不外乎是金榜题名时、洞房花烛夜、久旱逢甘露。

他说,错！台州人的人生三大喜是——头碗面,二房妻,回笼觉。

有这人生三大喜垫底,难怪台州的面店开得满街都是。

374

台州人脑子真好使啊。建筑工地上,那些个拾荒的村民会手持类似电影《地道战》中探雷器的铁家伙探宝,没多少时间,就探到一堆废铜烂铁,他们说运气好时,还能探到金银首饰呢。

除此之外,还有台州人用吸铁石吸河里的废铁,甚至货车的后面也会拖块大吸铁石,在经常运洋垃圾的马路上"扫街",顺路吸些破铜烂铁上来。

375

温州人绝对比台州人高调。在飞往昆明的飞机上,我翻到《云南日报》的一则新闻《温州商会成立党组织,捐款二百万》。

出机场没多远，高架桥上又是一巨幅广告——"世上温州人，携手彩云南"。

在云南做生意的台州人有十万，号称"十万大军"，有名的企业也不少，咋不在云南砸点声响出来呢？不管在哪里，台州人啊，只知道闷声不响发大财。

低调低调，台州人实在是低调啊。

376

温州的奥康皮鞋很出名，想当年台州有个天牌皮鞋，比现在的奥康皮鞋出名多了，它是第一个在地市党报头版打广告的。它的广告词很出名："天牌皮鞋走天下，一路风光一路情。"

377

台州人很有旅游意识的。

仙居高迁有八大碗，八大碗是招待客人的，仙居人假托是神仙享用的。

玉环人为了宣传玉环，准备编造一个"传说"，说马嵬坡上杨玉环并没死，当时跟着太监出逃，经过玉环，然后坐船到日本，玉环因杨玉环逃难路过此地，故得名。

378

台州人时不时"想当年"。临海人"想当年"想个几分钟就不再纠结了,黄岩人"想当年"想了二十多年有些人还没想明白。椒江人、路桥人也"想当年",越想心里越是美滋滋。

379

台州男人蛮爱国的。有个台州男人喝醉了酒,被人送回家,一到家,就躺在地上睡得跟死猪似的,老婆拖都拖不动,就把音响放到老公身边,播放老公喜欢听的歌,老公当过兵,就挑军旅歌曲放。先放《当兵的人》,没反应。再放《打靶归来》,也没把他弄醒。第三首,放的是《义勇军进行曲》,老公一听国歌,一骨碌就从地上爬起来,来了个敬礼!

380

北京的哥是话痨,一见顾客就瞎侃。而台州的出租车司机最懂得什么是"沉默是金",一路上不大会主动跟乘客交流。

381

一个开轿车的台州人不小心撞了骑电瓶车的台州人,骑电瓶车的人气呼呼地说:"你为什么不明天撞我?"

轿车司机不理解,这撞人还要选黄道吉日不成?骑电瓶车的人说:"我今天刚买保险,要到明天才能生效呢。"

382

在北京,挖一条20多米宽的人工河,就敢把楼盘取名为"水岸"。

台州人实在，哪怕在小区里种满花呀草呀，也很少把楼盘取名为"花园"，多半就是实实在在的"某某小区"。

383

大暴雨过后，台州的老城区总要积水，那些被困的小车就成了水中的"游艇"。

每次大暴雨过后，就有脑袋灵光的台州人到水中捡车牌。

384

在兰州，一家浙江发廊的门口挂着一块铜牌，上面写着："为了开发西部建设甘肃，您辛苦了，请进来休闲。"

几个温州人与台州人刚好坐在一起吃饭，为发廊主人是哪里人而争论。台州人说，这肯定不是我们台州人开的，十有八九是你们温州人开的，你瞧，全国那么多地方，到处都写着"温州发廊"，就没见过挂着"台州发廊"的。

385

台州的洗脚店挺多的，价钱也不贵。我的一个同学很早就立下开洗脚屋的雄心，也考察过各地的洗脚屋，后来不知在哪个洗脚屋染上"香港脚"，才打消了这个宏愿。

386

一到双休或节假日,杭州大厦门口全是豪华车。而这些车,几乎都是温州、台州牌照的。这是温州人、台州人周末到省城"血拼"来了。

387

台州的马大哈出的错蛮搞笑的。一对新人在一家影楼拍了婚纱照,结果拿照片时发现大幅照片上的"执子之手,与子偕老"被写成了"执子之手,与子揩老"。

哈哈,与子揩老,还真是说到点子上了。现在的小青年结婚,有几个不揩老人油的?

388

都说生儿子是建设银行,生女儿是招商银行,台州人对这个最有感触了。家有儿子的,结个婚,少不得要为儿子买一套婚房,半辈子的积蓄就没了,别的七七八八的开销就更不用说了。女儿结婚,房子可买可不买,反正有男方准备着。当然,有实力的台州人,照样会为爱女陪嫁一套房一辆车的。

389

台州的不少村干部很有钱,因为很多村干部是当地响当当的企业家。让他们带领村民致富,他们的套路、方法都很多。

390

榕树是南方特有的树种,在温州、福州,可以看到市区有很多很多的榕树,挂着长长的胡须。而在台州,基本上见不到什么榕树。即使有,也不精神,更没有长胡须。

虽然是相邻的地区,但台州的冬天,比温州要冷好多。

391

每次去报刊亭买书报,报亭主人找零时都找我硬币,我让她找几张纸币,她很奇怪地问我是不是台州人。

报亭主人解释说,台州人找零喜欢找角子(台州方言,硬币),你找他纸币,他一般让换成硬币,喜欢纸币的十有八九是外地人。

392

在台州,那些破车也敢堂而皇之地在大马路上开。有一次在路上,见到一辆运石头、泥土什么的工程车,下面整个车斗都快倒了,看上去就是一废铜烂铁,还敢摇摇晃晃地上路。

车主振振有词地说:这个世界上,富人有富人的活法,穷人有穷人的活法。车也一样,都是社会主义康庄大道,好车可以开,破车也可以开。

393

以前说台州人不张扬是对的，因为台州人没什么值得张扬的东西。现在台州终于醒悟了，酒香就怕巷子深啊，勤吆喝才是硬道理啊。

394

台州人喜欢用"拉风"这个词。有拉风快餐店、拉风棋牌室，还有一种叫"拉风酒"的。其实，"拉风"这个词出自周星驰的电影《国产零零漆》，一个欢场女子向寻了欢不付钱的男子要钱时，红唇里吐出"拉风"这个词："你以为你躲起来就找不到你了吗？没有用的！你是那样拉风的男人，不管在什么地方，就好像漆黑中的萤火虫一样，那样的鲜明，那样的出众。你那忧郁的眼神，稀疏的胡碴子，神乎其技的刀法，还有那杯 Dry Martine，都深深地迷住了我。不过，虽然你是这样的出色，但是行有行规，不管怎么样，你要付清昨晚的过夜费呀，叫女人不用给钱吗？"

在这之前，台州人只知道拉肚，不知道什么叫拉风。

395

让我百思不得其解的是，虽然一些台州人有好几套房子，但他们住的不是最大最好的那套，最大最好的房子拿来出租给别人住，以便获取租金。

有些台州人，赚钱赚上瘾了。

396

台州被评为全国文明城市,台州人民"喜大普奔"。台州人自己总结如下:我们大台州二十年前是很不文明的,五六年前是不很文明的,现在嘛,越来越文明了。

这是真的。别的不说,像车辆在斑马线前礼让行人,全国没几个城市做得像台州这么好。

397

台州跟日本的什么县结成友好城市。台州人掏心掏肺地送礼,送的都是些贵重礼品,来自礼仪之邦的日本人当然知道礼尚往来的道理,也回赠些精美礼品。

等日本人离开后,台州人拆开层层包装一看,精美包装下,只有一双筷子或是几支铅笔。

后来,台州人给日本人送礼也不怎么上心了,那些贵重的礼品也不轻易拿出来了。

398

江南大小城镇中,多数干洗店是仙居人开的;有一半的油漆店,也是仙居人开的;仙居的农家子弟外出摆烧饼摊的,更是不计其数。而手机店、家具店、浴室则为天台人所开,卖珠宝、海鲜的多是温岭人,开眼镜店的则以临海人为主。

399

一个东北人跟我说，"台州银"眼孔小，一分一厘都肯赚；俺们"东北银"眼孔大，小钱不愿赚。

没错，东北过去国企的日子好过，大家都是产业工人，看不起做小买卖的"南蛮子"。现在不同了，"东北银"也学起了"南蛮子"的生意经。小区门口有家东北饺子店，丰满高挑的老板娘操着满口的东北腔，饺子卖五毛一个，生意很好。

东北老板娘数钱数得眉开眼笑，跟我说，现在俺们"东北银"终于向"台州银"学会了锱铢必赚，做小生意，赚小钱，过好小日子。

400

台州人把太平天国叫"长毛乱"。临海有个太平天国台门，当地人都叫长毛台门。他们一提起太平天国，就是长毛长、长毛短的。

401

不要以为公务员"清水"得很，没花头。在台州，谈婚论嫁，公务员那是相当受欢迎的。当地的晚报举办过几场"相亲大会"，报名之火爆，出乎意料。因为报名的女孩子过多，出现了男女1比3的失调比例。一些单身汉，听到此内幕消息，马上抖了起来，摆出一副奇货可居的样子，原本想凑合找一个算了的马上改变初衷，说要好好挑挑拣拣，反正 1 比 3,选择余地大得很。

相亲大会放在学校的体育馆举行,会场上人山人海,毛估估不止五千人,连金发碧眼的老外也来了。

单身男女的照片贴满墙,只要看上眼的,就可以写好联系方式,用"爱心贴"贴上去。"有房有车男"相当受欢迎,"机关干部"下面,"爱心贴"贴了一大把,最多的一位,竟然收到七八十张"爱心贴"!

由此可见,机关男在台州的婚姻市场上,是多么受欢迎啊。

402

都说台州男人实在,还真不是随便说说的,只要看看相亲大会上,台州男人在相亲牌上的自我介绍,就知道了。这自我介绍都写得一板一眼——某男介绍自己"不喝酒,不抽烟,不会麻将,就喜欢聊天吹牛,人比较懒,心好"。"不喝酒,不抽烟,不会麻将"够得上好男儿的标准,不过"喜欢聊天吹牛"不是什么好事,一个大老爷们一天到晚吹牛吹得唾沫四溅也够人受的,何况"人还比较懒",好在"心好",所以不少姑娘向他抛了绣球。

某男说自己"好交朋友,仗义疏财"。一看就知道是个散漫花钱的主儿。

还有的写道:"向往自由的生活,一个人背着包满世界跑,却逃不了现实的束缚。"估计是被爹妈硬逼着来相亲的。

还有一位男士坦白交代,说自己"性格内向,初中毕业后和父亲一起做生意,主管进货",嘿,连主管进货都写出来,真是个忠厚男人。还有更实在的,有人标明自己"有 20 年党龄",乍一看,还以为向党组织交心呢。

403

一场相亲大会下来,很多单身汉没找到感觉,不过陪着单身汉来相亲的台州已婚男士,通过相亲大会看到自己的身价,回家后就抖起来了。

有对夫妻陪表妹相亲,老公回家后对着镜子照了又照,然后郑重其事地对老婆说,相亲大会你也去了,你自己也看到了,像我这个年龄的男人有多畅销,我现在是"升值股",你现在是"垃圾股",已经跌破发行价了。你要对我好一点,不然,离婚了,我照样能找小姑娘,你只能嫁给离退休老干部了!

404

有个大货车司机自作聪明,对车牌实施"易容术",把台州牌照浙J改成了浙U,没想到,浙江没有"浙U"车牌,结果闹出了笑话,还没来得及违章就被交警逮着了。

405

世博会开了,这样的盛会,台州人怎么可能不去凑热闹呢。但是台州人看场馆的兴趣,远不如在"世博护照"上收集各国展馆印戳的兴趣浓。

在世博护照上盖章,成了台州人看世博时最热衷的活动。几个台州人将自己随身携带的真护照上盖满"世博章",表明自己周游完了列国。

结果回来没多久,他们准备出国游,在申请签证时,真护照因为盖满"世博章"而作废了。

406

虽然台州人把外地人称作"外路人"什么的,但是,台州其实是一座非常友好、非常包容的城市,台州很少有本地人欺负外地人的事发生。所以,外地人都说台州这个地方好,不排外。台州人人善心眼直,好相处。

407

一个台州小伙子在上海读了大学,毕业后留在上海工作,娶了同班的上海姑娘,家里为他的婚事没少花钱,不但为他在上海买了房,还操办了一场风光无限的婚礼,上海姑娘相当满意台州公婆的出手大方,上海的亲家也对台州亲家的实力刮目相看。

每当接到台州的亲家要到上海住上几天的电话,上海亲家就会对邻居说,台州乡下亲家要到我们家来了。

她口中的乡下亲家,不是村妇,其实是一个县里的局长。上海女人,嘴巴上虽然要占点便宜,但心里对台州"乡下亲家"的实力还是很认可的。何况,"乡下亲家"上门,大包小包拎着来不说,吃饭时,每回都抢着买单。

台州有意思

408

雄关不独北国有，台州也有。江南长城，是南方的古城墙，让人发思古之幽情。台州人考证出，北国长城的空心敌台，源自临海，北方长城就是以台州长城为蓝本建的。当年戚继光在台州抗倭，九战九捷。其间，戚大将军与知府谭纶整修临海古城墙，创造性地加盖了二层中空敌台，遗存至今，后戚、谭奉调蓟州，抽调江南三千兵士，修建了北京的明长城。

台州人到北京出差，北京朋友带台州人爬长城，自豪地说，看看我们的城墙，固若金汤！台州人说：这有什么，你们北京八达岭长城是台州江南长城的山寨版。

北京人第一次听到这种说法，惊得眼珠子都快掉出来了。哈哈！

409

国外的公墓有的就在市中心，台州市政府边上也有公墓。因为这地方成为城市中心之前，属于荒郊野外。不知道这算不算是台州的人文（坟）景观？

410

婚宴时，新郎新娘进场之前放流行歌曲热场，什么流行放什么，有一阵子流行《香水有毒》《月亮之上》，前者唱的是自己的恋人移情别恋后带来的隐痛，后者唱的是老情人邂逅后的复杂心绪。

于是,婚宴大厅里,《香水有毒》《月亮之上》绕梁不绝。管他合适不合适呢,图个热闹好听,反正台州人不会听得那么认真。

411

台州的小偷也是蛮有意思的。有两个小偷跑到海鲜店里偷东西,看到厨房里菜肴齐备,就生火烧饭想犒劳自己,结果因打烊的饭店里传出锅碗瓢盆的碰撞声引来了警察。

412

台州一饭店失窃,桌上留有小偷喝过的一罐红牛饮料和吃剩的一碗木耳汤,抽屉里的几个硬币被偷走。窗户玻璃上有小偷留下的一行字:"穷光蛋,老子会再来的。"估计是小偷撬开后窗钻入饭店,但一番辛苦后无所得,气恼之下写下的。

还有一个小偷偷了我同事的家,值钱的东西一样也没偷着,气得在主人的床上"一二一"操练起来——在床单上留下了几个大脚印。

413

好多年前,这个城市的不少街道曾经长满了梧桐树,像夹道欢迎的仪仗队。我一直觉得,梧桐是最适宜江南的行道树,笔直干净,叶片厚实。夏天遮阳蔽日;秋风起时,落叶飘飞,枯叶落地,踩上去沙沙作响;冬天叶片落尽时,又漏下温暖的阳光,季节感特别强。

台州有意思

414

台州人中,南边的温岭人、黄岩人最喜欢吃猪头肉,台州日销的百来个猪头,主要运往温岭、黄岩等地的菜市场,因为猪头太多来不及褪毛,黑作坊就用沥青褪猪毛。

415

台州的火锅店,冬天里生意都挺好的。有一次,一家火锅店遭遇停电,吃火锅的人趁着这乌漆墨黑的时候,全溜走了,火锅店老板一算损失,毛估估有四万多元。

还有一次,另一家火锅店同样遭遇停电,吃火锅的人全都在店里等着,没一个人溜走,直到电来了。

416

新车上市时,那些紧俏的车型,各大汽车专卖店都要加价销售的。一位台州土豪看中了总价 102 万的保时捷卡宴,交付了 20 万元定金,结果预订时间过去了几个月,车却没有。该老板一怒之下,投诉了销售商。法院判决汽车销售商返还他双倍定金,共计 40 万元。

豪车虽没买成,却赚了 20 万元违约金。对此,台州人羡慕得要死。

417

老街有不少古董店,有人当初花两万元在这里买了一个明代成化年间的抱月瓶,后来卖到上亿元,发大了。

一到周日,各种卖古玩的就在老街摆摊,不少人都喜欢到这里淘宝,希望自己也能捡到漏。

418

在台州的城乡接合部,经常可以看到运废铜烂铁的车子呼啸而过,车里的货物捆绑得不紧,时不时会颠下些来。

有一次,机场路上一辆货车上掉下一根旧钢管,在前面几米处跳起了"钢管舞"。吓得后面的人,赶紧急刹车,直到这支"钢管舞"跳完才敢走。

419

台州的一些小青年,很拉风的,他们喜欢在电动车、摩托车上装个低音炮,满大街转悠,放震天响的音乐。

420

春天到长潭水库看桃花吃胖头鱼时,只要坐船游湖,很多人就会想到长潭的翻船事故。1964年的清明节,当地学校组织学生到长潭水库春游,没想到翻船了,淹死116人。我一个朋友的表哥,当年也是春游的学生,临上船时肚子绞痛,小孩子贪玩,本想坚持到底,无奈痛得实在受不了,老师只好陪他下船。

结果，船开出去没多久就翻了，他和老师逃过一劫，人家都说是他家祖宗显灵。

421

台州有三个企业家的死，相当轰动。他们的死，在很长一段时间内，成为台州人茶余饭后热议的话题。

一个是 47 岁的珠光集团浙江钢结构有限公司董事长卢立强，汶川大地震时，他的企业承担了灾区板房建设任务。没想到，这个风光一时的老板，背负着 4.2 亿元的债务，在资金链断裂后，决绝地自沉家门口的灵湖。

一个是身家过亿的船王严宝龙，拥有当地最大的造船厂，他开着黑色奔驰车行驶在隧道时，被四名歹徒故意撞车，歹徒绑架勒索未果，把 41 岁的船王枪杀在车内。

还有一个是"纽扣大王"明丕白，这位浙江伟星集团的总裁在香港回归一年后被劫杀于深圳，他的死是当年轰动全国的新闻。作为伟星公司的总裁，这个有着传奇经历的知名企业家，把一个手工作坊式的小厂发展成亚洲知名的企业，上缴的税一度占了当地税收的三分之一。

说到这三个台州企业家的死，台州人都感叹生死无常，他们用"TVB 体"安慰自己：呐，其实做人呢，最要紧的就是开心；呐，富贵不富贵，还真是说不准的事，人活着，钱多钱少不要紧，平平安安最好；发生这种事情呢，大家都不想的；呐，饿不饿，一起到白塔桥吃碗麦虾，吃完了，什么都想得开看得开了。

422

街头有一家美食店叫"避风塘","避风塘"这三个字写得潦草了些。有一次,听到身边一个肥头大耳的土豪,把它念成"避孕塘"。

423

在市府大道的一家银行办业务,发现这家银行的工作人员很有娱乐精神,玻璃台面下压着的样张,上面写着:存款人姓名,潘长江;金额,八万八千八百八十八元八毛八分;汇款人,刘德华。

这还不算,"章子怡""范冰冰"也都在这家银行存钱了,至于代理人,则是"张学友"。

"李小璐"也在这里办信用卡了,留的地址是"台州开发区明星小区 8 号楼 8 单元 808 室"。

424

台州一家银行,在营业大厅里提供免费 Wi-Fi,结果马大哈把 Wi-Fi误写成 WiFe,说在这里办业务,免费提供 wife(妻子)。

来这里办业务的台州男人看到了很激动,在朋友圈里奔走相告。

425

到台州的社会主义新农村去参观,这些村的村民个个都有钱,家家住别墅。我在一户人家小坐,女主人开着宝马车,老公长年在外做生意。

女主人说,我和老公现在齐心在挣买卡宴的钱。

现在的日子已经很好了,不过要想过上更好的日子,还要努力地去挣钱——这就是台州人的致富动力。

426

台州人很是自强自立。手脚健全的人不必说了,连独臂人也不例外。台州的独臂人好像都有神力,有一个独臂的七旬翁,把十亩荒地开辟成花果园,简直就是当代版的独臂仙翁。

还有一个独臂小伙子,驾着黑色助力车上街办事情,结果发生刮擦,独臂小伙整个人从车头翻了过去。但他拍拍身上的灰尘,起来又接着办事去了。

427

很多人并不知道台州这个地方,但是很多人知道一江山岛。

一江山岛战役是国共两党的军队面对面交锋的最后一战,是人民解放军战史中海陆空三军协同作战的首仗,因意义重大,事隔半个世纪还被人反复提起。

428

台州撤地设市的头几年,椒江人和临海人彼此看不顺眼。那些搬迁到椒江来的台州市直机关的干部,是很少与椒江土著联姻的。有个当爹的还对儿子提出明确要求,找对象,椒江女人不要找,尤其是老城区一带的,更不能找,那地方的人性子火暴,像小辣椒,喜欢找人干架。如果一定要找,开发区这一带勉强可以考虑,当然最好还是找个临海女人,听话又温柔。

"俺村"(椒江人对临海人的调侃称法)人不爱与椒江人联姻,怕驾驭不了椒江小辣椒;椒江人也不大看得上"俺村"人——钱没几个,还清高得两只鼻孔朝天,书糊滴答的(台州方言,意即书生气十足,不接地气)。

其实,椒江女人是很能干很顾家的。我的几个女友都是椒江人,长得漂亮不说,还特能持家,虽然性格有点像小辣椒,但直率通透,很好相处。

这几年,台州市直机关的干部与椒江人联姻的已经不少了。因为两地的人彼此已经磨合好了,互相也看顺眼了。椒江人觉得,临海人毕竟是千年台州府出来的,温和有教养;临海人觉得,椒江人到底是码头人,做人做事痛快利落。

429

不要奇怪椒江人为什么那么豪放,不要奇怪椒江人说话为什么这么大声,也不要奇怪椒江人为什么那么喜欢吃喝,椒江人会打着酒嗝告诉你:因为我们是码头人!

430

一个椒江男人跟我说,椒江男人喜欢藏小伙铜钿(台州方言,私房钱),多则五六十万,少则几万。

椒江男人的私房钱真的有那么多吗?

431

椒江有经一路、纬一路,路名起得"直拔笼统"的。

不止纬一路,还有纬二路、纬三路、纬五路等。有一条不到五百米的小岔路,则正儿八经地叫作和谐路。

432

椒江人不是色盲,可明明是黄豆,为什么偏偏叫成"白豆"呢?

433

撤地设市时,我随单位从临海搬迁到椒江,有同事吓唬我,在外吃饭时,千万别跟椒江人对上眼啊。怕我不信,还举例说明,说某某人跟椒江人对上了眼,没有回避对方的眼锋,结果给砍断了两根指头;又说某某人图口舌之快,跟椒江人吵了两句,被割了耳朵。报纸上也登了,一男子在椒江某饭店吃饭时,因多看了邻桌的椒江女子几眼,饭后即被该女子的同桌男子阉割了，成了"太监"。

我着实被吓唬住了，刚到椒江到大排档吃饭，都是埋头苦吃，唯恐不小心跟哪个椒江人对上眼，给砍了手指或割了耳朵。

不过，在椒江待久了，发现根本没有那么回事。"土著"椒江人，虽然性子火暴些，但你不去招惹他，一点事儿都没有。相反，这里的人办事都很热心，你找他们帮点忙，他们总是摆出"为朋友两肋插刀"的仗义劲儿。

434

椒江靠海，常能闻到鱼腥味。有个中学生就在作文中写道：小时候爸爸带我去了回海门，我问爸爸这里怎么一股鱼腥味，爸爸说，这里是渔村，渔民叔叔们靠捕鱼为生。好多年没去海门了，今年春节有幸去了回海门，听说那里变化可大了，改名叫椒江了，成了市府，城市变化是挺大的，但走在街上，还是能闻到那旧时的鱼腥味！

哈哈，这孩子，鼻子真灵。

435

黄岩人的宣传意识很强，品牌包装能力也很强，比如他们把山头的黄泥笋称为"山头黄鱼"，把几小溜瀑布称为"大瀑布"。外地人以为既然称大瀑布，此处瀑布必气吞万里如虎，一看，也就像哈喇子一样几小溜。还是天台人实在，天下闻名的石梁飞瀑，也没见叫"石梁大飞瀑"的。

436

长潭水库是台州人民的大水缸，一到夏天，总有个别不识相的人偷偷在水缸里游泳。哼，他想让台州人民喝他的洗澡水吗？

437

台州的椒黄路三区，数路桥的商业气息最浓，到处都是做生意的人，看上去有点乱。

路桥朋友笑嘻嘻地说：我们路桥不是乱，这叫混搭。我们路桥兼容并蓄，走的是混搭风。

438

路桥人很有钱，以前外地人对路桥这个城市的印象是，"富人住在穷人家"，现在雄心勃勃的路桥人提出，要把路桥打造成"品质之城"，路桥人准备改走淑女路线了。

路桥还有什么游艇小镇，感觉路桥不但走淑女路线，而且要走贵妇路线。

439

路桥有各种各样充满商业气息的路名，路两旁是各种各样的商店和市场。春天樱花、紫玉兰的绽放，给路桥这座商业气息十分浓重的商贸之城增添了很多浪漫的气息,春天的路桥有了几分"刚性的柔软"。

尤为可喜的是,路桥那些拆解废旧物资的村庄,从原先的脏、乱、臭,变身为鸟语花香的花园式村庄,让人有"士别三日,刮目相看"的感觉。

440

台州各地中,路桥的土豪最不像土豪,他们大隐隐于市,这个市,指的是市场。我朋友,有次在路桥家具市场买家具,碰到一个搬运工,闲聊时,搬运工说自己家里的街面房值一个亿,年租金收入400万。

441

路桥的十里长街太出名了,过去,它就是有名的集市,"万物涌市,万商云集",如今,每到农历逢三逢八的日子,人们还是涌到老街赶集。

老街买啥东西都容易,但要停辆车,就难了。

442

奇怪得很,路桥人随随便便办什么市场,办一个,兴一个。而一些地方,认认真真办一个市场,却办倒了。

路桥人得意地说,没办法,我们这里人气旺,风水好,能聚财。

路桥区可以改名为旺财区了。

443

台州的城标是白云阁,临海的城标是大老鹰,说起大老鹰,临海人无人不知。如果等人,只要说,在大老鹰下面等,对方一听就明白,而不必费劲说什么路什么街。

坊间传闻,宁波大红鹰卷烟厂欲出价数千万元购买大老鹰。要是这事真成的话,这大老鹰,会不会改叫成大红鹰呢?

444

在台州,最有闲情、最有闲心的要数临海人。

以前住在老临海时,星期天到公园玩,总能看到专心致志钓鱼的人,临海的东湖有许多鱼,以鲢鱼居多。那时还在读书,老见有人在东湖里钓鱼,一钓一整天。当时就有种感觉,临海人真是悠闲啊:闹市的一角,有旁若无人下棋的老者;住在老城区的人,院子里种着四季花卉,院子一角还摆着一个金鱼缸,为觅鱼食,他们常跑到湖里捞那种线一样细的红红的鱼虫;北固山上,清早有遛鸟的人拎着鸟笼上山;东湖球场,一大早就有跳晨舞的人,这里面有民间的舞林高手,也有一些初学的生手。

临海这个城市闲适,很适合养生。

445

临海的生活节奏,在全台州是最慢的。正因为这种慢生活,才滋生出那么多慢悠悠的文人来。

台州的文化人,数临海最多。所以,临海人自诩为满街文化人。文化人喜欢清谈,还有点清高,别的县市的人看不惯临海人那个劲儿,调侃道,临海"满街白糊糊的人"。

446

温岭人老说自己如何如何有钱,说临海人无花头,是只"空壳蟹"。临海人不服气,搬出"中国富豪榜",说,你们数数看,上榜的富豪名单里,台州人总共 23 个,临海就占了 6 个,你们温岭,才 4 个上榜!

447

台州历史上出过一个皇后,这个皇后就是南宋理宗皇后谢道清。但是这个皇后娘娘坐了很长时间的冷板凳,理宗皇帝宠爱的是天台女子贾贵妃。

一直感觉临海女子是临水照花人的气质,很奇怪谢皇后的魅力怎么会比不上天台女子。

448

台州人如果说一个人过日子会算计,就说这个人"算子精",总体上,南边人比北边人算子要精。但临海人在生活中也是很精细的。临海唯一的国家康居小区云水山庄开盘后,购房的临海人为了获得楼盘准确的日照时间,在小区里,搬张凳子,从日出等到日落。

449

临海人,无论男女,不论远近,出门时,都喜欢自带一个杯子,杯里泡的是临海羊岩茶叶,我笑称是"老干部"的做派,他们说:"你不懂,这是生活品质。"

450

临海老剧院对面,有一株很大很大的银杏树,它长在大马路上,占了好大一块地盘。所有经过这里的行人和车辆都要绕道而行。

尽管给人车带来很多不便,但临海人从来没有想过把它挪个地方。

"树挪死,人挪活",有文化的临海人都知道这个理。

451

夏至杨梅熟时,到临海出差,经过老鹰大转盘时,看到一巨幅广告:杨梅年年红,党恩代代颂。

临海人,挺讲政治的。

452

临海人骨子里有"拧"的一面,从下面这条新闻就可以看出。1993年,19 岁的临海小伙因为口角之争被同龄小伙捅死,凶手畏罪潜逃,仿佛人间蒸发。24 年来,被害小伙子的父母、奶奶与三个姐姐穷追不舍。其间,父亲客死广州,奶奶失联,大姐夫与大姐离婚。但家人绝不放弃追凶,历经 24 年,踏遍半个中国,终于揪出了凶手。

453

台州学院食堂前面的水塘有很多龙虾,学生常常周末时去钓龙虾,一钓好几斤,自己放寝室里炒了吃,算是周末改善伙食。不加洗虾粉什么的,又是自己钓的,感觉比龙虾店的龙虾好吃多了。

454

临海人很想得开的,他们说:在临海过日子绝对舒适,钱少一点不要紧,人开心顶重要,不像温岭人、路桥人,腰包鼓,钞票多,但总感觉是劳碌命!

455

台州电视台的方言节目《阿福讲白搭》很受大家欢迎,阿福讲一口黄岩话,结果临海人不乐意了。他们认为,如果台州台播台州方言,当以临海方言最为合适，临海千年台州府，临海话就是台州千年的官话，能听得懂的人也最多。

456

台州人中，最讲生活趣味的是临海人，临海人懂得生活，哪怕生意人，也挺有生活情趣的。我朋友，北外教授、人文学者丁启阵就写过他的一位高中同学。他的这位同学在东塍开了家小饭馆，是个小老板，每天花四五个小时经营他的小饭店，别的时间不是睡觉就是休闲娱乐，生活得有滋有味。

这位小老板爱好不少，吃麻辣小龙虾，K歌，蹦迪，打麻将，兴头都挺大。但是，兴头最大的，却是跟这些项目大为不同的一件事情：夜间到山谷里、田垄上，嗅着大自然的气息，小睡一觉。

偶尔给丁教授发条短信，打个电话，"通常也只是让我帮他考证一个家乡方言的难字、询问一句老话的出处之类无关温饱、痛痒的雅事"。

457

临海人很有涵养。临海某小区个别业主养狗，其他业主被扰，气不过，在网上发帖："每天晚上十点半左右，都有很吵的狗叫声，影响整个小区的居民，特别是老人和读书的小孩。养狗的人，你如果没道德，将会有报应……"

另一小区乱停车现象十分严重，业主气不过，在车主的车上贴了纸条："乱停车，要受报应的！"

还有一次,跟临海朋友上街,在水坑边,一辆车疾驰而过,水溅了他一身,他气得骂道:"我咒那车主吃方便面没调料包。"

临海人,生再大的气,骂几句也就消气了。

有一年到临海参加长城节,路上看到两辆自行车碰在一起,说着说着,骑车的两个人喉咙粗起来了。"你眼睛瞎啦?""你才眼瞎了呢!"怒目相向几秒钟,两人各骑各的车走了。

要换成天台人,一句"中生"(天台话,畜生之意)之后,拳头老早就抢过去了。

临海人,生再大的气,骂几句也就消气了

458

在临海一家医院,一对夫妻忙着排队挂号,一不小心,孩子丢了,女的哭天喊地,当爹的更急,在地上直打滚。

边上的人替他们"捉急",劝道,你别在地上"驴打滚"了,赶紧报"妖妖灵"呀!

459

陪着一帮媒体老总参观临海紫阳街。在永利秤店,遇到做秤的女主人蔡雪贞,她还记得十多年前我采访过她,送了我一杆精致的小铜秤,红色喜庆的木盒子,盖子上是"称心如意"四个字。

她说,做人,穷点富点不要紧,关键是心态要好。

到底是历史文化名城,连临海的平民百姓,说起话来都像哲人。

做人,穷点富点不要紧,关键是心态要好,要"称心如意"

460

温岭人对临海人有点不服气,说温岭的房价比临海高多了,凭什么临海的一把手是台州市委常委,温岭的一把手没有列入常委行列!

临海人反驳道:新疆的房价够低了,可新疆维吾尔自治区党委书记还是中央政治局委员呢。照这么说,温岭房价比新疆高多了,中央政治局委员该给你们温岭人当喽。

温岭人在伶牙俐齿的临海人前败下阵来。

461

温岭人喜欢以"十三"评价某个人,意为这个人有点不着调。他们喜欢以"行得牢"来肯定一个人做事靠谱。

462

温岭有三多,人多、钱多、海鲜多。

温岭是全台州人口最多的县(市、区),有122万人,也是全中国人口密度最高的地方,不管到温岭哪个地方,总觉得人气特别旺。

温岭是全国经济百强县,温岭人的腰包鼓,财大气又粗,自我感觉是全台州九个县(市、区)里面最好的。温岭人不是一般的自信,一个温岭朋友说,目前中国只有三个城市他看得上眼,一个是香港,一个是上海,还有一个就是大温岭。

463

北边县的人说,温岭虽然是百强县,但也仅是一个县而已,温岭人有什么好抖的。

温岭人气愤地回击说:"那地球也不过是宇宙的一个星球!"

464

我一直没想明白,温岭人为什么会这么有钱,他们也跟我们一样拿工资,没有从院子里刨出金元宝,也没有祖上留下的大笔遗产,为什么温岭人说起钱来,口气那么大?

465

温岭人早先被称为"太平二头"。因为温岭原来叫太平县,至于为什么不叫大头而叫二头,是因为温岭是从黄岩分出来的,黄岩是老大,太平自然是老二。

466

当温岭的老年人说自己是太平人时,我就有种国泰民安的感觉。不过有一次也闹了个笑话,一个小伙子说自己是太平人,我身边一个温岭人激动地差点认老乡,结果小伙子说,他是太平洋保险公司的人。

467

20 世纪 80 年代,温岭是走私香烟最大的集散地。不过,现在的温岭街头,很难看到外烟的影子了。

468

温岭人最爱吃的小吃是夹糕。温岭人对夹糕的感情是贴心贴肺的。温岭满街的早餐店,都有夹糕。

夹糕是温岭最出名的特色早餐,多少温岭人是吃着温岭夹糕长大的。那些在外的温岭人,哪怕再发达,再有权势,再富贵,再有名望,赚了再多的钱,说起夹糕,都是一往情深,有时候,简直比说起初恋情人还要情真意切。

温岭人提起夹糕,简直比说起初恋情人还要情真意切

469

夹糕是温岭标志性的小吃，也是在外温岭人的乡愁。

470

几个不同县（市、区）的年轻人聚会，当温岭人说出"婊子儿""婊子囡"时，你千万不要做雷霆震怒状，温岭人能这样称呼你，首先表示他把你当成自己人，亲密无间。如果他觉得你这人不入流，未必肯"赏脸"跟你打这样的招呼。

当然，"婊子儿""婊子囡"也可用于骂架。同样一句粗话，既可用作短兵交接，又能用于打情骂俏，这完全取决于说话时的语气、表情和场景，这个问题要是不把握好，很容易引起误会。不过你放心，温岭人对此已拿捏得恰到好处。

471

你信不信，温岭人的粗话可以用来打情骂俏。夫妻俩在牌桌上，眉来眼去不说，还一口一个"×心"，比查尔斯对卡米拉说的情话——"天啊，我真想住在你的裤子里"还要直截了当些。

在温岭，一些上了些年纪的人，喜欢用"婊子儿""婊子囡"跟人打招呼，不要误会，温岭人说这话时，并没有诽谤你出身的意思，其作用类似于英文的"hi"，或中文的"嗨"，如果语气再强烈些，你甚至还能从

"婊子儿""婊子囡"中听出"你好"的意思来,尤以年轻女伴相互间叫"婊子囡"最多,而且笑吟吟地叫得极其亲昵,往往人未走近,就高声叫喊起来。在乡下,如果孩子淘气惹母亲生气,母亲会一手抓住孩子,一手拍孩子屁股,嘴里念念有词:"婊子儿,婊子儿,婊子儿……""婊子囡,婊子囡,婊子囡……"

如果孩子淘气惹母亲生气,母亲会一手抓住孩子,一手拍孩子屁股,嘴里念念有词:"婊子儿,婊子儿,婊子儿……"

472

当年的张畏案,引发了各种报道各种演绎各种议论。台州第一黑社会组织性质头目张畏被判刑时,判决书长达 120 页,5 万余字,3 个法官轮流宣读,花了约 2 个小时才读完,内容丰富得简直像一部写黑社会组织性质的小说。

张畏这个木匠出身、沉默寡言的黑社会性质组织头头,一夜之间神秘发迹成为亿万富翁。他与政界往来频繁,头戴多顶"红帽子":台州市青联委员、台州市青年企业家协会副会长、某法制报社名誉社长、浙江东海集团有限公司董事长,甚至还担任湖北宜都市政协副主席一职。在张畏家的别墅大门上,甚至挂着一块"温岭市公安局重点保护单位"的牌子。对于温岭的大小官员,张畏通常只有言简意赅的两个词:"送钱!放倒!"

张畏的出事,引发温岭官场大地震,这座地域面积 926 平方千米的浙南小城,先后有 184 人被查处,包括温岭市长、公安局局长、财政局局长等官场红人纷纷倒下。

这个曾经拥有几亿资产的"商界大亨",被枪决前唯一的要求是"吃一碗汤圆"。

温岭人为此感叹不已,说他折腾半世,把命搭进去,最后想要的只有一碗汤圆。他听到死刑判决时,哭得稀里哗啦,温岭人说:什么大佬,其实不过是个脓包。

473

石夫人是温岭的城标,远看云鬟高髻,修颈削肩,宛如一座石雕美女像。

石夫人千年无人惊扰,没承想,某年国庆节,温岭一村民竟然胆大包天爬上了石夫人的峰顶，并且忽发奇想，要把红旗插上石夫人的头顶，以庆祝伟大的中华人民共和国的生日。

结果这位新时代的农民兼山寨版冒险家被困在石夫人峰顶，上得去下不来了，最后惊动部队出动直升机才将他救下。那一年的国庆节，因他的惊世一爬而让人记忆深刻。他的"壮举"还上了中央电视台。这让温岭人兴奋了好一阵，须知，温岭人一年到头很少有机会在央视露脸的。

温岭一村民将红旗插上石夫人峰顶，他的"壮举"上了中央电视台

474

继这位林姓村民之后，又有人学样，想爬上石夫人，结果他就没这么好运了，不但没上央视，而且被警察捉了去，拘留了好几天。

475

20 世纪 80 年代，温岭啤酒厂生产"石夫人"牌啤酒，没想到，因为这个名，这个啤酒的销量很差，因为传说中的"石夫人"是寡妇，喜宴上用这个牌子的啤酒，多不吉利呀。

厂家倒也聪明，马上将啤酒改名为"晶水啤酒"。没多久，广东人对"8"的推崇，随着改革开放的春风吹进了温岭，温岭人也喜欢上了"8"，此种啤酒又改成"888 啤酒"，后来又改成洋兮兮的"晶水莱特啤酒"。

当然，到现在，既没有晶水啤酒，也没有什么 888 啤酒，温岭人喝的都是外地品牌的啤酒，百威、雪花之类。

而相邻的玉环，有一种啤酒叫洛克啤酒，本意是取英文 luck（好运）之意，不过，玉环人都说是"绿壳"啤酒，绿壳者，台州方言中的强盗也！

476

温岭老一辈人里叫"奶梅"的好像挺多的。我不知奶梅是不是奶末头（温岭方言，家里最小的一个孩子）的意思，因为是老小而得宠。

不过现在，起名"奶梅"的人极少，"奶梅"在温岭话里成了贬义，"你个奶梅"意指这人有点不着四六。

477

温岭人过年，喜欢在门前拉上红布，挂些灯笼。乡下地方，尤其如此。

温岭人如果办的是喜丧，儿女这一辈，披麻戴孝，而孙辈，是要穿红衣服的。

478

温岭人骂人喜欢用"高炮鬼"。现在的小青年，不知道什么叫"高炮"了。早些年，每逢"严打"开公判大会时，温岭人倾巢而出看热闹，对那些五花大绑、即将被"高炮"（温岭方言，枪毙之意）的罪犯兴奋地指指点点。有些"高炮鬼"见有这么多人围观，还故意表现出雄赳赳气昂昂的劲头来。温岭人看得十分来劲，比过年还兴奋。

温岭人骂人喜欢用"高炮鬼"

479

温岭人很喜欢给要好的朋友起绰号，什么弹眼、乌皮之类，被起外号的人，有自己的顶头上司，有自己的同事，有自己的小兄弟小姐妹。

温岭人相互间喜欢用绰号称呼，显得彼此间热络不生分。温岭的领导亲民，温岭人私下称呼当地的主要领导也爱用昵称，什么小燕子、小苗子，叫得跟邻家的兄弟姐妹似的亲热。

480

温岭人财大，财大跟气粗是连在一起的，是谓财大气粗。

温岭人的气比别处的人粗一些，见了官员一点也不怵，难怪温岭是中国第一个实施基层民主恳谈的地方。

481

温岭人最喜欢赶新潮了。甬台温铁路的开通，结束了台州没有铁路的历史。动车一开通，不少赶新潮的温岭人抢着去坐动车，花上12元钱买张票，从温岭大溪站坐到位于黄岩的台州站，路途短得只有10分钟。

等温岭人找到座位刚坐下来，动车已经到站了。第一次坐动车的温岭人简直不敢相信，他们说：屁股还没落座，就到了？

482

因为有一个"温"字,温岭早先老被人认为属于温州。温岭的房价全台州最高,温岭人还会发阳光财。所有的台州人都认为温岭人有钱。为什么呢?因为房价那么高,他们都买得起,消费那么高,他们都承受得起。

说到有钱,温岭人一边说"打算打算",一边心里十分受用。这个"打算",在温岭话里是"哪里"之意。

483

温岭人虽然是县城里的人,但仿佛个个都见过大世面,口气比省会城市的人还要大。依我看,除了"帝都"百姓,就数温岭人口气大了。

全球仅一辆的双层宝马在大城市亮相后,引得大城市的人好一阵关注,这辆双层宝马紧接着又亮相温岭,停在以高消费闻名的某酒吧前。宝马双层空间里陈列着服饰、箱包、鞋、配饰等时尚精品,许多温岭人围着宝马指指点点。

一个温岭小青年说,我以后要买辆双层宝马玩玩。听听,温岭人这口气。

484

温岭"山寨"的东西不少。温岭有"山寨"酒店,比如有一家叫雷迪森的星级酒店,跟真正的雷迪森毫无关系。

温岭还有"山寨"交警——温岭某大酒店的保安,穿着和交警制服极其相像的制服和反光背心,被温岭人称为"山寨"交警。

这还不够离谱,温岭的流水坑村,竟然还有"山寨"中石油的油库。

至于温岭法院,因建筑造型酷似白宫,温岭人称之为"山寨"白宫。

485

早几年,温岭这个一百多万人口的繁华城市,竟然找不到一家像样的商场,每到节庆日,椒江的商场有打折活动,商场门口便停满了温岭来的小车。

有一次,椒江的耀达商场周年店庆,打折打得十分厉害,很多温岭人开着车来"血拼"。结果,温岭来的车子太多了,把耀达商场前的市府大道一条街堵了个严严实实。

这两年,温岭也有了大商场,温岭人购物,再也不必跑椒江来了,椒江几家大商场的生意冷清了好多。椒江的商场老板十分怀念那些"钱多人爽的温岭人"。

486

前几年,温岭没有大的百货商场,也没有什么像样的电影院,想看3D电影都没门。所以当温岭人说椒江"没花头"时,椒江人鼻子里喷出一股气流说,你温岭人"有花头",干吗跑椒江来购物、看3D电影呀。

不过现在温岭也有了大商场,还有了奥斯卡国际影城。温岭人牛气冲天地说,我"大温岭帝国"要啥有啥。

487

温岭人都相信好心有好报。这不,温岭新河镇一开鞋店的夫妇,捡到 38.5 万元巨款,毫不动心,一分不少都还给了失主。

当晚,两夫妻去买了一注彩票,从没中过奖的他俩,这次竟中了1000 元。

488

温岭能工巧匠很多。老早就听过一句话:"黄岩蜜橘雁荡松,太平石工天台钟。"温岭的石雕相当出名,温岭的路边,经常摆着各种各样的石雕像,有飞禽走兽,有帝王将相。有一次参观武汉一家大公司,被公司门口的一对石狮子吸引住了,接待人员说,这是从网上买来的温岭石狮。

489

温岭是曙光之城。温岭人有本事让一缕曙光生钱。温岭人出卖新千年的第一缕曙光,发了曙光财,赚得盆满钵满,据说那年出生的孩子,有好多叫曙光的。在祖国大陆第一缕曙光的首照地石塘,当地人还有这么一句话——做人要想有名堂,每年必须来石塘。

除此之外，温岭处处可见"曙光"的印记，有曙光纪念碑，有曙光国际大酒店，有曙光医院，有曙光五金厂，有曙光小区，甚至还有曙光虚拟网。

490

温岭人多地少，很多地方的房子挤得密密麻麻，温岭人甚至在桥上盖起了房子，照片被发到网上后，网友调侃说，这个盖在桥上的房子堪称史上最牛的房子，温岭人"有创意，可评鲁班创新奖""太有才，躺在床上都可以钓鱼""很节约，可参评史上最节约土地房屋奖"。

491

温岭人把美食街叫成贪吃街，把美食家叫成贪吃鹭。再不起眼的小吃摊，不管在哪个角落，只要味道好，温岭人的舌尖照样能把它挖掘出来。

492

早些年，温岭的小青年赶时髦，必去万昌中路的太平后街酒吧，那是温岭第一家酒吧。点歌时要把歌名写在小卡片上，然后高高在上的DJ，从二楼放下一个篮子，把小卡片吊上去——就好像当时温岭的百货公司，收款是用夹子夹着发票和钱，系在半空的铁丝上，嗖地滑过去一样。

493

全台州房价最高的地方,不是市政府所在的椒江,而是温岭。香港回归那年,温岭繁昌花苑住宅小区的商品房,均价就达到每平方米2080元,位居台州之首,而那时,上海的商品房也就这个价。

而现在,温岭普通住宅的价格老早就突破每平方米2万元了,有的楼盘已卖到每平方米8万元。一个房地产老板跟我说,在温岭,别担心没人买楼。市区一有好楼盘开盘的风声放出来,马上有人排队。买不到,还哭着喊着不肯走。卖得越贵,越有人买。

难怪温岭人到哪里买房,都觉得当地的房价"巧得猛"(台州方言,便宜得很)。

494

温岭民间资本非常雄厚。在温岭,有千万资产的人多了去了,"千万"后面的名词,不是富翁,或许用"工薪阶层"更合适。

在温岭真正称得上富翁的,至少还得在后面再加一个零。

495

网上一个帖子,蛮有意思的:有外地人问我,浙江温岭是不是经常发生杀人案件?我说,是的,国家为了照顾我们浙江温岭人耿直的性格,允许我们一年中杀五个坏人,所以没事儿别惹我,我名额有限。鉴于现在社会上对温岭人有各种偏激看法，我只想告诉你们：不管你社会人际关系多硬、多牛，请你好好和温岭人说话，温岭人一般不惹事，一旦惹了，那不叫事儿，叫新闻。

温岭人评价道：这段话有点偏激，不过我们温岭人的确这样，不惹事，但不怕事。

496

温岭这个地方太容易出新闻了，真是没完没了啊，基本上隔几个月就会出一个大新闻，在温岭，一个小小的社会新闻有时都会成为各大网站的头条。在别的地方只能上上本地报纸社会新闻版的报屁股，只要发生在温岭，就能上各大网站的头条。

温岭是百万人口大市，七嘴八舌说一通，唾沫星子都能淹死个人。何况温岭又有那么多的民间时事评论员。

497

出外挣大钱的温岭人真多。大年三十，在外的温岭人赶回老家过年，据说，温岭的银行在一天之内多出了一二十亿的存款。

498

一个天台朋友发给我一条很长的短信，叫"天台这旮旯"，很有意思——

气候是温和的，冬天是不下雪的，夏天是经常刮台风的。

人情是很贵的，伴娘是一桌的，还要被"打哈"的，洞房半夜是要吃面的。

酒席预订要提前一年的，赤城是最贵最有人订的。

搬家是要选吉时的，鞭炮要放很响的。

酒是要劝的，买单是要抢的，关系是很重要的。

影剧院不是放电影演戏的，是专给流浪艺人表演的。

广告车是排打排的，每天的出街是必然的，放出的音乐也是嘈杂的。

黄酒是自家做的，啤酒要喝石梁的，近两年又是改喝雪花的。

书吧是开不久的，看书的人是不多的，演出是要赠票的，掏钱基本很少的。

男人是要扎台型的，面子是看很重的。

小吃是饺饼筒糊拉汰的，螺蛳喜欢吃带汤的。

特产还有小狗牛的，价钱还是适中的。

大年三十撞钟是要花钱的，正月初一国清寺是爆满的。

讲话是吵着嚷着的，我爱你是说我中意你的。

宾馆是打牌用的，咖啡吧是打双扣的，也是可以随意吵闹的。

重阳是要爬赤城山的，菊花可以不赏酒是要喝的。

打牌都是聚一起的，麻将是三个人的，斗牛是什么地方都可以的，坐庄是要有钱的。

天台人是死要面子的，里穿背心外也要穿西装的。

吃饭是浪费的，打包是不可能的。

台州有意思

499

香港中文大学原校长金耀基是天台人,他给家乡这样打广告:文化旅游不能没有天台,去过天台的,再去,没去过天台的,快去。

500

马俊仁不喜欢人家给他拍照,有人拍照时,他就扯着嗓子嚷嚷道:"我现在是眼睛不好,最怕照相。用闪光灯闪我一下,我眼压起码220。"

说话间,有人举着相机要拍老马,老马看到相机上的闪光灯就嚷嚷开了:"你还不如拿刀扎我一下,我就是把家给砸了,把老婆给你,也不愿意眼瞎啊!"

不过,要是天台人给他拍照,他一声不吭,很配合地露出八颗牙。毕竟,马家军没少吃天台土鳖,没少拿天台人的广告费。

501

最初闯荡江湖的那批天台人,做家具、开浴室、开旅馆,以及卖一种被称为"筛网"的工业滤布。做着做着,就做大了,特别是那些做家具的。现在中国家具行业的领军人物,好些是天台人。

502

我以为天下就熊猫爱吃竹叶,没想到天台有一种小狗牛,体型跟狗差不多大，也爱吃竹叶。这小狗牛跟猴猪、拳鸡一起，被誉为"天台三宝"，肉质细嫩得跟著名的神户牛肉有一拼，它是明朝皇宫的御品。20世纪70年代，美国总统尼克松访华时，天台小狗牛还上了国宴。

天台人还有种叫寄山牛的，不过跟肉无关，天台人把上门女婿称作"寄山牛"。

503

中国最早的武侠小说《虬髯客》就诞生在天台。

天台人习武成风，清末天台还出了一个武状元陈桂芬。《少林寺》等武侠片就是在天台拍摄的。天台是江南的燕赵之地，自古多慷慨悲歌之士。天台人的骨头是很硬的。

不过，台州最大的武校不是办在天台，而是办在黄岩。

504

天台人这样夸自己——天台人，头脑不简单，四肢更发达。

天台人觉得这话夸到点子上了。

505

天台山有种黑鸡，是快要绝迹的稀罕品种，黑毛、黑皮、黑骨、黑爪子、黑内脏，是个"黑五类"，比乌骨鸡还要黑，简直是从里黑到外。

506

你想听到天台人的恭维话，实在太难了，天台人是有一说一，有二也说一的那种人。

507

天台人乡土观念很重，他们觉得办企业还是用自己的亲朋好友牢靠。有个天台大老板，在杭州办企业，招募了数千员工，都是天台籍的。天台的很多民营企业，往往是老公当老板，老婆管财务，"冷饭舅"（天台方言，舅子）、小姨子跑销售。连看大门管食堂的，也都是自己的同村人。反正拐上几个弯，都能攀上亲沾上故。

508

天台人十分重视教育，家里再穷，也要供自己的孩子读书。天台的老师日子也好过，正月过后开学或者高考过后，天台的宾馆都是爆满的，一桌一桌，摆的都是谢师宴。

509

天台国清寺是日本天台宗的祖庭。一个天台女子到日本留学，房东是天台宗的信徒，听说这位来租房的女学生来自天台，只收了很低的租金，就把房子租给了她。

510

天台人对一个女子的最高评价只有一个字：慧。别处的人说，一代好媳妇管一代好子孙。天台人认为，一代好媳妇管十代好子孙。

511

《西游记》里有这"精"那"精"的，天台的"精"也那么多。有中华鳖精，还有山黄精。天台人相信，大补吃人参，小补山黄精。他们说，服食九蒸九晒的山黄精，即使不成仙，也可以延年益寿。

天台人做保健品喜欢搭顺风车。当年出了个中华鳖精，一夜间，就有很多别的"鳖精"冒出来，天台人喜欢调侃，他们把中华鳖精说成是鳖的"洗澡水"，客气点的，把它说成是"枣干汤"。

后来，中华鳖精倒下了，铁皮枫斗晶起来了。一个铁皮枫斗晶出来后，又有很多个枫斗晶冒出来了！

512

不只做保健品跟风，天台人赚钱也是一窝蜂的。村里有人到北方卖沙发赚了大钱，半个村子的人都会跟着出去开沙发店；隔壁邻居到内蒙古开矿赚了大钱买来一辆大奔，于是不少天台人也跟着跑出去采矿挖煤去了；有人在宁夏开矿发了财，就有十几家企业跑到宁夏开矿；有人在杭州卖手机发财了，杭州、南京有的街上全是天台人在卖手机。

台州有意思

513

天台人游天台山时总想法子不买票,理由好像挺充分:我是天台人,天台山是我家,哪有看家里的风景还要掏钱的道理。老子一口天台话就是景区通行证。

说得没错,通行证可以伪造,但天台话比较难伪造,没在天台住上十年八年根本讲不来。

一个天台人带着外地朋友游琼台仙谷给拦住了,说了半天,还是没让进。最后掏出五元钱,气壮如牛地说:要的话拿走,不要的话老子一分没有!

最后还声明一句,这是替外地朋友付的。老子天台人,是不付钱的。

琼台仙谷

514

天台的县委书记调走了，县长剃了头发，天台人把这两件事联系起来，猜测说县长准备当书记了，他们把县长剃的头叫"登基头"。

天台人真是天生的八卦好手。

515

天台是养生的好地方。要想长寿，住天台。从南朝至今，天台有据可查的百岁以上寿星就有 80 多位，著名的"得道高道"有 60 多位，天台山道人陈抟活到 118 岁，石泰 137 岁，范青云 143 岁，高东篱 151 岁。天台的寿星那真叫一个高寿，百岁老人只能垫底排后头。

516

某天台人自揭天台人的伤疤，他说：天台人啥都好，就是有两样不好。我问是哪两样。他说：天台人牙齿不好，普通话也讲得不好。

天台人牙齿好不好，我不敢妄议，因为我不能挨个撬开他们嘴巴看他们的牙齿，但普通话讲不好，倒是真的。

517

中国旅游日最终定在 5 月 19 日，因为这一天是《徐霞客游记》的第一篇《游天台山日记》的开篇日，也是开游宁海的日子，而不是天台人所希望的 5 月 20 日——徐霞客到天台的日子。

天台人说,《徐霞客游记》里写到宁海不过百来个字,却以洋洋洒洒两大篇的笔墨,描绘了天台山的风貌和自然景观。

虽然没申请成,但天台人自我安慰道,人家徐霞客最认同的还是天台,要不怎么会说天台那么多好话呢?

518

国家不把 5 月 20 日定为中国旅游日,咱自己将 5 月 20 日定为天台县旅游日总可以吧。说干就干,5 月 20 日就此成了天台旅游日,全国也有了首个县级旅游日,每年的这一天,全世界游客均可以免费游天台。

这一招让天台人又喜又烦,喜的是天台人在家门口看风景不用买票了,不花钱就可以玩转天台。烦的是,因为这一天景区对全世界的游客都免费开放,各个景点爆满,看景点变成看人头了。

519

天台人发明了麻将的新打法,三个人就可以凑一桌打麻将。天台人自豪地说,这是继中国四大发明后的第五大发明。

520

天台电视台海选方言节目主持人,参加者每人要念一段指定的文章。其中有我写的《硬头颈的天台人》和《难懂的天台话》。结果现场频频出现乌龙。

"在称呼上,天台人也是独特的,夫妻在人前称呼自己的另一半,就在子女名字上加上'那'字,如土根那爸、土根那姆,有'那爸''那姆'难道还有'这爸''这姆'不成?……"

没承想,有一位选手刚念完这篇文章,就被叫停了。下面的选手就不让念这篇文章了。因为有位台里领导,他岳父大人的名字就叫土根。

521

天台的社会新闻好像比别处的都要多。有一段时间,我们的晚报三天两头登天台的社会新闻,而且净是些稀奇古怪的奇葩新闻,不是妯娌吵架咬了对方耳朵,就是骑着偷来的摩托车心慌摔断腿。

天台的领导郑重其事地打电话给晚报的头头,说你们能不能少登这些负面的社会新闻啊,登多了这类东西,人家还以为天台是个鸡鸣狗盗之地呢。

其实别的地方也不是君子国,只是别的地方没有天台那么多会写社会新闻还爱投稿的通讯员。

522

天台人把干爹、干妈叫成老继爷、老继娘。为了使自己的孩子能顺利成长,天台人喜欢找一个福气好、属相对自己有利的人,让孩子拜为老继爷或老继娘。

523

"接客"这个词好像有点暧昧,似乎跟青楼里的莺莺燕燕沾点边,不过,在天台话里,"接客"这词是"招待客人"之意。天台话有一句"接客门前风",简称接客门风。一个天台媳妇,接客门风好,人家便夸她贤惠,要是接客门风不好,待客不热情周到,那是要挨天台男人骂的。

在天台话里,"接客"这词是"招待客人"之意

524

天台人很讲义气,讲亲帮亲,邻帮邻。天台人评价省里某位天台籍领导,说他不够意思,对老乡爱搭不理。天台人说:还不如贾似道

呢,贾似道和贾贵妃都知道帮天台人的忙。天台人还在网上嚷嚷,骡个银骡个银(天台话,哪个人),真是这样的话,我们要把他开除出天台籍。

贾似道是南宋宰相,天台人,其姐贾贵妃受宠于理宗皇帝,他因此得势成了炙手可热的权贵。也不知道天台人从哪个渠道知道,七八百年前,这贾似道和贾贵妃帮了天台人的什么大忙。

525

香港回归那一年,天台出了一起爆炸案,天台一位姓陆的企业家因家庭纠纷,被自己的亲儿子在汽车座椅下安装炸药炸死了。据说,这名企业家夺走了儿子的心头所爱,还要将家产分给他的红颜知己。

理所当然的,儿子被判处死刑。这起案子,因为涉及阴谋、爱情、财产、凶杀,事隔多年,还在饭桌上屡屡被天台人提起。

526

清明去天台,顺便到汽车坐垫厂参观,见到各色汽车坐垫,靠背上都编织着一个大大的"和"字,感叹:天台人政治素质真高!

某天台人在边上说,这个字不念 hé,要念 hú——麻将"和"了的"和"。买这垫子的,都是麻将精。

难怪天台的麻将精喜欢到天台的天湖景区去,因为天湖,是麻将中的"天和"谐音。

527

台州人中，以天台人血性最重，最彪悍，最有胆魄，最喜欢干仗。

天台人"胆魄"的确大得很，一天台猛男以"入股"的方式加入河南盗墓团伙，竟然用炸药炸开秦始皇祖墓。

528

天台山佛教音乐会，一大群和尚在台上表演，有独唱、领唱、齐唱、轮唱，唱词有赞、偈、文、咒四种。

音乐会上的乐器不是西洋乐器，而是法器，有梵鼓、钟、大磬、铛子等。

下面的听众听得都想出家了。

529

仙居人说自己这地方有仙气，仙居的同学对我吹牛说：仙居的杨梅叫仙梅，仙居的女人叫仙女，仙居的男人叫仙人。

我问我的仙居同学：仙居人伸出的手掌是不是叫仙人掌，仙居人打的球是不是叫仙人球？

我同学不吭气了。

530

车过仙居，见路边老大一块广告牌："仙居——一座全人类的梦想之城。"

仙居地方不大，但仙居人的口气好大啊！

531

仙居的蝌蚪文十分玄乎，它是除"仓颉书""夏禹书"，贵州的"红崖天书""夜郎天书"，四川的"巴蜀符号"，云南的"东巴文字"，绍兴禹庙的"岣嵝碑"外的又一种原始文字，至今无人能破译。

我考证了一番，最后得出一个结论，仙居的蝌蚪文是古代仙居人吃饱了撑的闲着没事干，在壁上乱涂乱画的产物。

不知这个结论对不对。

532

仙居人很爱打"仙人"牌。还没进仙居县城，就看见巨幅广告牌：仙居，仙人居住的地方。

据说仙居有一任县长，带着一行人到广州参加广交会，一行人穿着绿色 T 恤，上书：仙人居住的地方。

533

带外地朋友到仙居玩，吃饭时，上了一碗浇头面，外地朋友喃喃自语："噢，仙居浇头面，焦头烂额的面。"

又上了一道豆腐，叫大脸豆腐，外地朋友问："这豆腐到底有多大？"当地人调侃道：你的脸有多大，豆腐就有多大。

534

韩国人很喜欢仙居的山水风光，上海人也很喜欢游仙居，一到节假日，到仙居来游玩的上海人就多了起来。一个上海人在《新民晚报》投诉当地女导游，说她经常"语出惊人"，如把乘竹排漂流，说成"吃喝嫖赌（漂睹）"，说什么"嫖"就是漂流，"赌"就是目睹山水风景；介绍蘑菇状山峰时，她偏要游客往歪里想，还煞有介事地说男人看了笑哈哈，女人看了羞答答……

仙居人看了这则报道，不屑地说，上海人，真会假正经。

上海人很喜欢游仙居

535

仙居的主色调是黄。仙居的土特产黄花菜是黄的,号称中华第一鸡的三黄鸡是黄的,景点广植的油菜花、向日葵也是黄的。

536

仙居蟠滩古街有各种各样的店铺,有药店,有鞋店,还有别的什么店,其中一店铺写着"色赛春花"。当地的民俗学家考证,有说是布店,因为卖各色花布所以叫"色赛春花",也有人考证是妓院,因为有"色"字在。

不过,为了旅游业的发展,当地人对外统一口径说是江南妓院——风月场所,多吸引眼球呀。

537

在机关工作的仙居人,比别地方的人都爱讲普通话。不过,仙居四十岁以上的男人讲的普通话真够呛的。一仙居朋友陪我游神仙居,用仙居话讲段子,说起他上黄山的故事,他说黄山的恶霸如何如何。我想,解放那么多年了,黄山竟然还有恶霸,这还了得?!还有没有王法?!

听了半天,我终于弄明白,他仙居普通话中的"恶霸"就是"鸭煲"。

538

别处的人调侃仙居人,就学仙居人说这两句话,一句是"大要伐

台州有意思

大"(仙居方言,蛋要不要),还有一句是"明朝五更河西交配"(仙居方言,明天早餐吃点什么)。

539

仙居有馒头干,胃痛时吃上几片挺好的。仙居馒头干是用蒸笼把馒头烘干做成的,里面有橘皮粉和芝麻等,咬起来很松脆。用仙居人的说法是,仙居馒头干的功效,堪比日本的大正汉方胃肠药。

仙居的馒头干还可以像陕西的羊肉泡馍一样,放热水里泡一下再吃。

540

仙居的巧妇很多,她们能够把一斤面粉烙成一个直径超半米的大麦饼,我想,光这么个大麦饼,就能撑饱一家人的肚皮。

仙居男人的手也巧,他们做的针刺无骨花灯,精巧绝伦,让人叹为观止。

541

永安溪是台州第一大江椒江的源头,这里的源头活水出自一个叫作"天堂尖"的地方。天堂尖,多美的名字啊。

仙居水资源很丰富,人均水资源量是台州市人均的3倍,听说仙居人准备建造朱溪水库,卖水给南边县(市)。仙居人自豪地说,我们的杨梅是仙梅,我们的水是仙水。

542

一到杨梅红的时节,仙居这个地方就格外热闹。杨梅刚上市,仙居拍卖第一篮熟透的杨梅,拍出了 2.8 万元的高价。

这几年,仙居人杨梅财没少发啊。

杨梅熟时,仙居人惦记着外地朋友,常邮寄杨梅给朋友。一仙居人买了九箱杨梅,让快递公司寄往北京。结果迟到了几天,杨梅没撑住,全变了质。

现在,仙居人不怕杨梅变质了,因为有了更好的保鲜技术,一骑红尘杨梅来,远方的客人也能吃到新鲜的仙居杨梅了。

外地朋友平时不想仙居朋友,一到杨梅红时节,就念叨起仙居朋友来。

543

仙居人其实很有想法的。1956 年,全国农村敲锣打鼓进入"合作化"高潮,而仙居农民却吵着闹着要退社,要求退回入社的农具和土地,要求包田到户,以至于惊动了党中央和毛主席。

544

仙居人这几年靠着贩卖山水风光,腰包鼓了很多。仙居人吆喝起他们的山水来,上上下下都是很卖力的。照仙居人的说法是,全天下的山水没有比得过仙居的,"桂林山水甲天下"应该改成"仙居山水甲天下"才是。

545

仙居人开口闭口很喜欢一个"死"字。他们骂自家调皮捣蛋的孩子为:"小死人!"除了这个"小死人"外,仙居人说话还喜欢用什么死人臭、死人恶、死人坏等,坏东西用"死人"形容倒也可以理解,好东西他们也会用"死人"二字,什么死人中意、死人香、死人好等。他们对"死人"的感情很深。

仙居人不光形容坏东西用"死人",形容好东西也用

546

玉环是全国 14 个海岛县之一,地少、人多、缺水、缺电,玉环人提

出一个响亮的口号——"向海要土地，向天要淡水"。走在玉环新区，你根本无法想象，一条条车水马龙的街道，一幢幢高耸入云的楼房，原来是建在一片片的滩涂和海洋上的。

我觉得玉环人都是"海上漂"。

547

玉环人是渔民的后代，男人个个都有好酒量，到玉环人家里做客，不喝醉别想出门。一到节假日，玉环人放开猛喝，某日，玉环110接到报警，说隧道口发生交通事故，有人倒地一动不动，看上去好像死了。

结果，交警赶到现场一看，一男子倒在马路中间正呼呼大睡，边上还有一辆电动车翻倒在地，身下还有半瓶二锅头和半袋花生。

每回到玉环，总被玉环人的酒量吓着，酒场上，只要有玉环人在场斗酒，别的地方的人就赶紧举白旗投降。

酒场上，只要有玉环人在场斗酒，别的地方的人就赶紧举白旗投降

548

玉环人嗜海鲜,他们从小吃海鲜长大,就算是满汉全席,如果没有海鲜,玉环人也会说没有吃落胃的。

549

台州人中,玉环人最有语言天赋。不少玉环人都会说三种以上的方言,讲得最多的就是台州话、温州话和闽南话。前几年,卡拉OK厅里流行唱闽南话版《爱拼才会赢》,全台州人中,就数玉环人唱得最标准,最有味。

每当打拼累得半死的时候,玉环人就用"啊便夹为鸭"(爱拼才会赢)安慰自己。

550

别的地方的馒头叫馒头,玉环人把有馅的叫馒头,无馅的叫白面包。

551

玉环人很新潮,农民也搞网络形象大使评选。玉环清港镇双郏塘村举办了个网络比赛,选出"网络形象大使",这个村是个亿元村,四百多户人家,家家有电脑,被称作"电脑村"。参赛的"网虫"们先是进行文字输入比赛;紧接着是发邮件比赛;然后是找网页、找网上图片、电脑知识抢答比赛;最后,进入前六名的"网虫"进行才艺表演,拉二胡、跳街舞、唱歌。过五关斩六将后,"网络形象大使"才出炉。

552

不要说分不清是不是玉环人,只要对方开口说个"恁"字,我就可以断定他是正宗玉环人。路桥人也说"恁"的,但穿着打扮不如玉环人洋气。

553

在玉环,本科毕业的做车床,中专毕业的做主管,小学毕业的当老板,不是什么稀奇事。

本科学历在这里倒用上了

管车间我中专学历就够了

会管人小学毕业就OK

高科技

在玉环,工作多半与学历无关

台州有意思

554

玉环人喜欢把自己的孩子送到外面的学校去,近一点的送温岭、宁波,远一点的送上海、杭州。

玉环人搞关系很有一套,不管到哪里,总能跟孩子学校的老师打得火热。

555

一个外地朋友被派到玉环工作,我去玉环出差,顺便去看她,问她到玉环三个多月了,是否听得懂玉环话。

朋友说,半句都听不懂,每次跟房东交流,看着她嘴巴开开合合,就是不知道说啥,只能一个劲地点头。

玉环话,外地人半句都听不懂

556

玉环坎门的海鲜真不赖,女孩子的身材也很好。不过,我印象最深的不是那里的海鲜和女孩子,而是那里的"渝汇广场",这是我见到过的最小的广场,估计也就 20 平方米左右,比家里的客厅大不了多少。

557

有一次参加旅游团,团里有不少玉环人,一路上大呼小叫的,嗓门特别大,不过一路上,这些个热心的玉环人没少关照我。

玉环人爱咋呼,但是很热心。

558

玉环人很喜欢在称呼上带个"阿"字,比如阿明、阿琴、阿五、阿六之类。有的索性在姓氏后就起名为阿某,光听名字,就像是毛阿敏的三姑六婆七亲八眷似的。

559

我在朋友圈发了一条消息:台州有三鲜面,台州也是座三鲜城市——鲜甜、鲜美、鲜活。

一个玉环朋友给我留言:在我们玉环,"三鲜"是神经病的意思。

560

三门人还是蛮煞门（台州方言，厉害）的。前些年，为了保留住一棵香樟树，愣是让高速公路停工了几个月。

561

三门高速公路边上的广告，原先打的广告语是——三门青蟹，横行天下。现在打的是——三门小海鲜，敢为天下鲜。

三门人，口气越来越大了，底气越来越足了。

562

三门蛇蟠岛搞开发，推出什么海盗文化。我高中时就游过蛇蟠岛，那时只有光光的石窟，二十多年过去了，这里突然冒出个"海盗村"来，把我吓了一跳。

563

有一年夏至，到三门采访，三门朋友请我吃"粳"。我以为"粳"跟临海的糟羹是一回事，结果端上来一看，原来就是扁食。

564

500多年前的明朝，一个名叫崔溥的朝鲜五品官在奔丧途中遭遇风暴,漂流半月,在"大唐国浙江台州府临海县界"(今三门县)登陆。后来,他经宁波、杭州,沿京杭大运河至北京,再经陆路过鸭绿江返国,把一路四个半月的见闻撰写成了《漂海录》。

565

三门有一种甜羹,是新人在新婚夜,将羊肉切丝煮成的羊肉羹,又称坐堂羹、和合羹。我觉得,这名字比起羹本身来,更有味道。

566

三门杨家村的杨家板龙很有气势,杨家板龙以世界最长的板龙,载入"大世界吉尼斯之最"。三门首届青蟹节时,那条最长的板龙有四百多米长,你猜有多少汉子上去舞龙? 你绝对猜不到,有 2000 多个! 这 2000 多个三门汉子上阵舞龙,舞得汗流浃背。

567

朋友带我去滩涂上捉红钳蟹,这种红钳蟹长着两只红色大钳,背壳长得像红脸大汉,三门朋友煞有介事地说,这种蟹是法海和尚的化身。

如果红钳蟹真是法海化身,那白蛇娘娘在哪里呢?

568

三门人很喜欢跟人谈孙中山。当年孙中山来到三门湾的健跳码头，用手一指，把这里称为"实业之要港"，在他的《建国方略》中，更是将此港定为"东方第九渔业港"。

三门人用手指比画道，当年要是建成了，我们就是老九了，我们的地位就不可同日而语了。

569

这几年，三门人大发青蟹财。

三门青蟹，壳薄、蟹黄、肉嫩，号称天下第一蟹。三门青蟹背上有身份证（激光防伪标志），扎的是红头绳（红丝带）。当然，这还不是主要的，三门蟹农说，三门青蟹放在一起，有淡淡的清香味，别处的一些青蟹，散发出的是一股子腥味。

如果吃了蟹，手上没有腥臭味的，那是正宗的三门青蟹。

三门人开口闭口三句话不离青蟹，青蟹快成三门人的图腾了。

三门人开口闭口三句话不离青蟹，青蟹快成了三门人的图腾了

图书在版编目(CIP)数据

台州有意思 / 王寒著. —杭州：浙江工商大学出版社，2018.9(2022.8 重印)
ISBN 978-7-5178-2940-9

Ⅰ. ①台⋯ Ⅱ. ①王⋯ Ⅲ. ①台州—概况 Ⅳ.
①K925.53

中国版本图书馆 CIP 数据核字(2018)第 205711 号

台州有意思
TAIZHOU YOU YISI

王　寒著

出 版 人	鲍观明　汪海英
策划编辑	沈　娴　方晓阳　方　杏
责任编辑	吴岳婷
插　　图	张万久
封面设计	末　氓
责任印制	包建辉
出版发行	浙江工商大学出版社
	(杭州市教工路 198 号　邮政编码 310012)
	(E-mail:zjgsupress@163.com)
	(网址:http://www.zjgsupress.com)
	电话:0571－88904980,88831806(传真)
排　　版	杭州朝曦图文设计有限公司
印　　刷	浙江海虹彩色印务有限公司
开　　本	889mm×1194mm　1/32
印　　张	7.125
字　　数	150 千
版 印 次	2018 年 9 月第 1 版　2022 年 8 月第 3 次印刷
书　　号	ISBN 978-7-5178-2940-9
定　　价	68.00 元